KB189200

나의 삶 속에서 역사하신
하나님

나의 삶 속에서 역사하신

하나님

장태현 목사 회고록

장태현 지음

북허브

　나는 여타의 목회자들처럼 목회에 큰 성공을 한 사람도 아니요, 해외 유학을 하여 학위를 받은 사람도 아니다. 그렇다고 체격이 크거나 얼굴이 잘생긴 사람도 아니다. 그런 사람이 무슨 회고록을 쓰려고 하는지 의아해할 것이다.

　그러나 내 삶속에서 역사하신 하나님의 역사가 너무 크고 놀랍고 경이로워 그냥 숨겨두면 하나님 앞에 죄를 짓는 것 같아 감히 이 글을 남겨 널리 알리고자 한다. 독자가 얼마나 될지는 모르나 독자 모두가 내 삶속에서 역사하신 하나님을 이 책에서 만나 보게 되기를 염원하며 주제넘은 글을 남기고자 한다.

# 추천사

문학박사 전재동 목사

축하합니다.

장태현 목사님의 회고록의 한 모퉁이에서 나즉이 인사 올립니다.

경하할 일이라서 기쁘고 글을 쓰는 사람으로서 장 목사님의 회고록을 준비하신 노고에 치하를 드립니다.

여기 한 사람의 일생이 있습니다. 어디서 나고, 어디서 자라고, 무슨 교육을 받고, 무슨 일을 하셨는지, 인생 90 고개를 바라보는 자리에서 이 책을 내셨습니다. 이런 일은 결코 쉽지 않습니다.

요즘 한 주가 지나면 한두 권의 회고록이나 문집이 제 연구실에 배달됩니다. 다들 애 많이 쓰시고 고생스럽더라도 책을 내신 까닭이 있습니다.

그러나 여기 장태현 목사님같이 일본 강점기의 피나는 삶을 거치고 해방과 6·25의 사선을 넘나드는 고통의 나날을 살아오신 과정은 눈물없이 읽기 힘든 사연들이 많습니다.

한 사람의 일생 기록은 하나의 역사입니다. 역사란 큰 이야기, 높은 이야기라 해서 영어로 'History'라 합니다. 이 말은 헬라어로 '이스토리아'로 '질문하고 조사한다'는 뜻입니다.

세상의 시간 '크로노스'의 흐름을 정리한 연대기가 역사입니다. 그런데 마음의 시간, 영혼의 시간인 '카이로스'의 역사는 신령한 의미를 가집니다.

이 책의 1부는 '크로노스'이고, 2부는 '카이로스'의 한 모습이며, 말씀이기 때문입니다.

로고스(말씀)가 몸을 입으니 '예수 그리스도'가 되셨고 문자를 입히니 '성경'이 되었고 사회적 언어가 되니 '설교'가 되었습니다. 설교는 시간을 초월한 신성한 로고스입니다.

사람이 동물과 다른 점은 '생각하고 느끼고 판단하는 데' 있습니다.

장태현 목사님을 수십 년간 곁에서 봐 왔습니다. 이 어른의 생각과 느낌과 판단이 어떨 것이라고 보아 왔습니다. 이제 아흔의 시간 앞을 바라보면서 지난 삶의 명암을 있는 그대로 내놓을 수 있는 용기와 진실의 가치를 이 책을 통해서 볼 수 있을 것입니다.

읽으시는 분들에게 하나님의 축복이 함께 하시기를 빌면서 이 책을 쓰시고 간행하시는 장태현 목사님께 우리 함께 박수갈채로 인사합시다. 감사합니다. 장태현 목사님 수고하셨습니다.

2014년 9월의 중추가절에

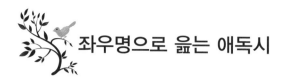

좌우명으로 읊는 애독시

복있는 사람은 악인의 꾀를 좇지 아니하며 죄인의 길에 서지 아니하며 오만한 자의 자리에 앉지 아니하고 오직 여호와의 율법을 즐거워하며 그 율법을 주야로 무상하는 자로다.

저는 시냇가에 심은 나무가 시절을 좇아 과실을 맺으며 그 잎사귀가 마르지 아니함 같으니 그 행사가 다 형통하리로다. 악인은 그렇지 않음이여 오직 바람에 나는 겨와 같도다.

그러므로 악인이 심판을 견디지 못하며 죄인이 의인의 회중에 들지 못하리로다. 대저 의인의 길은 여호와께서 인정하시나 악인의 길은 망하리로다(시편 1-1~6).

파랑새 적다하여 대봉아 웃지마라
구만장천 나를 때 너도 날고 나도 날으니
두어라 일반비조는 일반인가 하노라

바다는 깊을수록 그 파도가 심하고
인격은 고상할수록 애로와 역경이 심하도다.

우리집 가계도

	성명	학력	국적	직위	기타
호주	장태현	중앙신학, 감신대	한국	감리회 목사 감리사	
처	공준선	춘천여고	한국	유치원 원장	

	성명	학력	국적	직위	기타
장녀	장공주	동덕여대	한국	주부	2세대
사위	유철	인하대	한국	회사 사장	2세대
손녀	유민주	이대,독일 함부르크대	한국	박사	3세대
손녀 사위	김세령	연대,독일 함부르크대	한국	박사	3세대
증손녀	김지안		한국		4세대
손자	유정선	존슨앤웨일스 대학 (미국)	한국	학사	3세대

	성명	학력	국적	직위	기타
장남	장두영	연세대 신학대학원	미국 영주권자	회사 대표	2세대
자부	서경란	부산여고	미국 영주권자	고고 레스토랑 경영	2세대
손자	장이래	숭실대	한국	회사원	3세대
손자부	이지혜	명지대	한국	회사원	3세대
증손녀	장세빈	유아			4세대
손녀	장혜린	홍대 미대	한국	회사원	3세대
손자	장호연	하와이대	미국 시민권자	연세대 국문과 학생	3세대

	성명	학력	국적	직위	기타
2녀	장은주	장신대	워싱톤 DC	주부	2세대
사위	이세정	펜실베니아대	LA	회사 대표	2세대
손자	이지민	초등학생	워싱톤DC미국 시민권자	학생	3세대

차례

1930년 이후
삶의 뿌리

1930. 6. 22

경상북도 영주군 풍기면 성내동 16번지에서 장재근, 안아기 씨의 2남 1녀 중 둘째 자녀로 태어났다. 조부는 장순영 씨로서 황해도 해주에서 아주 거부로 지내시다가, 『정감록』에 '십승지지의 일활 풍기'라는 말을 듣고 소 열 마리에 은괴와 엽전이 담긴 궤 20짝을 싣고 경상북도 풍기군 소백산 기슭에 자리를 잡았다. 아버님을 통해 들은 이야기이지만 생각해보면 조용하던 소백산 삼거리라는 한 촌에 갑자기 황소 10마리와 그에 상응하는 인물들과 가족들이 들이닥쳤으니 감히 짐작이 간다.

이 소문이 각처에 퍼지자 도둑들이 모여들고 사람들의 입소문이 퍼지면서 일대 장관이 벌어졌다고 한다. 그 중 한 토막을 소개하면, 어스름한 달밤에 칼을 입에 물고 얼굴에 복면을 한 양상군자가 엉금엉금 들어오는데 우리 아버님은 체구는 작아도 담력이 강하신 분인데 온몸이 마비가 된 듯 '도둑이야!'하는 소리조차 나오지 않더라는 것이다. 이 양상군자는 가족들 사이를 더듬어 돈 궤짝으로 가더니 자루에

▲ 아버님 어머님 사진

은괴와 엽전을 담아 등에 메고 나갔다. 그때서야 입이 떨어져 '도둑이
야!' 외쳤지만 그 당시에 치안이라든가 객지 사람인 것을 감안할 때 어
느 누구의 도움도 받지 못했다는 이야기를 늘 하셨다. 그 20개 궤짝
중 그 양상군자가 훔쳐간 그 실물이 그리 고급스러운 것은 아니었다.
하지만 그때부터 지금까지 내가 늘 보관하고 있는데 아마도 수백년은
족히 넘을 것으로 추측되며 내 후손들에게도 가족의 유물로 남겨줄 예
정이다.

그 이후 가세는 점점 기우는데다 설상가상으로 소가 사람을 박아서
상하게 하는 등등 여러 가지 비화가 많으나 생략하고, 아들 4형제 중
셋째 아버지가 금계동에 자리를 잡고 삼포를 경작하여 여유 있는 생
활을 하면서 자녀들도 경성제약 전문학교도 보내고 2남 1녀 모두 여
유 있는 삶을 살았다. 하지만 나머지 3형제는 부잣집 자녀들이 쓸 줄
만 알았지 벌 줄을 몰라서 가산을 탕진하고 뿔뿔이 헤어져 이렇다 할
일을 못한 가문으로 몰락했다.

지금도 기억에 남는 것은 생활고로 성내동을 떠나 금광이 활발한
상계동으로 이사를 했는데 학교 통학거리가 6km나 되어 어린 나로서

▲ 1990.6.22 회갑기념

▲ 사랑하는 아내

▲ 회갑기념 – 신라호텔에서

는 매일 아침 통학하기가 무척 힘들었던 걸로 기억에 남는다. 장마가
지는 때는 개울을 건널 수 없어 마중 나온 어머니와 서로 손짓을 하며
애태우던 기억도 생생하다.

그러던 어느날 평양에 살던 누님 내외와 풍기읍에 살던 누님 내외
가 상계동 우리집에 왔다가 내려오던 중 학교에서 귀가하던 우리 형
제를 만났다. 형과 나에게 1원짜리 지폐를 한 장씩 주었는데 그때 1전

이면 왕방울만한 사탕을 5개나 살 수 있는 시대였으니 큰 돈이 아닐 수 없다. 형은 그럭저럭 다 써버렸으나 나는 「소년시대」라는 잡지 등 책을 한 50전어치 산 것을 생각하면 어려서부터 배움에 대한 생각이 깊었던 것 같다. 초등학교 3학년 때 생활고에 견디다 못해 봉화군 춘향면 우구치 금정광산으로 이사를 했다. 초등학교 4년제 학교를 졸업하고 금정광산 전기과에 취직을 했다. 딴 졸업생들은 취직이 쉬웠으나 나는 워낙 어린데다가 유별나게 체격이 작아서 이리저리 밀리다가 전기과에 취업이 되었다.

형이 풍기신상 소학교에 입학하려다 떨어지는 바람에 나도 떨어지면 내년에 입학시킬 예정으로 1년 미리 입학원서를 냈었는데 그해 입학이 되어 남보다 더 어려웠다. 광산 전체의 출퇴근 길에 내가 키가 제일 작은 사람으로 유명했고 어깨에 도시락을 메고 한 2km나 되는 출퇴근 길을 오르내리던 일이 눈에 선하다. 형은 가족의 식량 등 생필품을 공급소에서 수령하기에 월급이 별로 나올 게 없지만 나는 고스란히(아마 40전) 월급을 받으니 여유가 있어 맛있는 과자도 사먹고 하니까 형이 늘 불만이 있었다.

그러던 중 어느 겨울 폭풍이 몰아치는 추운날 내가 쌀 두말을 타서 어깨에 메고 내려오는데 도저히 참을 수가 없어 언덕 위에 내려놓고 쉬었다. 다시 메야 하는데 어깨를 들이대고 아무리 애를 써도 메여지지가 않았다. 날씨는 추운데다 사람도 없었다. 여하튼 쌀자루를 언덕에 굴려올리고 밑에서 간신히 어깨에 메고 집에 온 생각이 지금도 생생하다.

하루는 5월 단오축제로 씨름대회가 열렸는데 5명을 넘어뜨리고 머리에 비교띠를 매고 부모님과 국밥을 사먹은 것 등 기억이 생생하다.

또 어느 겨울에 땔감나무가 없어 그곳 사람들과 같이 산으로 나무를 하러 갔는데, 딴 사람들은 겨울에 때는 딱나무 등 골라서 잘도 하는데 우리 형제는 도무지 나무를 할 줄 몰라 큰 괴목을 하나 끌고 오는데 함박눈이 내리는 동네에서 산을 쳐다보며 애태우던 부모님의 모습도 생각이 난다.

그러던 어느날 생활에 불만을 품은 형이 영월군에 있는 상동광산 분석계로 취직을 하여 가버리고 말았다. 나 혼자 가족을 부양하며 지내는데 도저히 감당키 어려워 나도 형이 있는 상동광산으로 취직을 해 볼까하여 상동으로 가기로 했다. 가는 길을 몰라 신작로 길을 따라 장난감을 담은 석유상자를 지고 머나먼 길을 걸어가는데 도저히 갈 수가 없어 주저앉으면 형은 다 왔으니 조금만 더 힘을 내라고 격려했으나 그 조금이 끝이 없어 상동광업소 숙소에 도착하니 밤이 되었다. 앞산이 얼마나 험한지 금방이라도 엎어져 오는 것 같은 공포감과 평생 처음 부모님 품을 떠난 외로움 등 견디기 어려운 나날이었지만 다행이도 상동광산 공급과에 취직이 되었다.

일제시대에는 물품이 귀하던 시절이었다. 공급계 직원들은 남다른 대접과 비교적 좋은 대우를 받았지만 나는 월급이 적은 이유로 채광과에 가서 근무하면 80전의 임금을 받을 수 있어 채광과로 전근을 갔다.

어린 나이에 산위에 있는 굴을 찾아 그것도 깊은 굴속에서 근무하느라 어려움도 많았으나 마땅히 딴 길이 없었다. 그러다가 본사로 전근되어 근무하게 되었는데 크게 잘못한 게 없는데도 해고처분을 받았다. 그래서 시간 여유도 있고 해서 풍기 고향에 다니러 갔다오는 중 이미 해가 져서 제천버스 정류장에 도착할 무렵 버스가 끊겨 난감하기 짝이 없었다.

▲ 친구들과 음악을 하며

▲ 대구 달성광산에서 친구들과 찍은 사진

▲ 경인년에 사랑하는 친구와 함께

17

▲ 내 금쪽같은 3남매와 어머님

그때 내머리에 스쳐가는 것은 어떻게 하면 버스비 걱정과 여관비 걱정 안 하고 사는 시절이 올까 너무나도 간절했기에 지금도 머리에 문뜩문뜩 생생하게 기억에 남는다.

그러나 마냥 놀고 있을 수가 없어서 대구에 있는 달성광산을 찾아가 취직해 보기로 했다. 달성광산으로 전근되어 가는 어떤 트럭에 몸을 실었다. 이때 집을 떠나보기는 처음이었다. 트럭 뒤에 짐처럼 실려서 어두운 밤 태산준령을 넘을 때는 금방이라도 맹수가 와서 덮칠 것만 같은 두려움이 왔지만 이를 극복하고 수안보 온천에 도착하여 운전기사가 자주 찾는 여관에 들었다. 저녁 밥상을 일본여자들이 맞들고 들어오는데 내 평생 처음 받아보는 진수성찬이었다. 일본여자들이 옆에 무릎을 꿇고 앉아 도-죠, 도-죠 하면서 시중을 드는데 나는 부끄러워 어찌할 줄 몰랐다. 아침에 여관비를 정산하는 데 내가 가지고 있는 돈 중 아마 절반은 지불한 것으로 생각이 된다.

그 이튿날도 하루종일 달려 밤에 대구시내에 도착했다. 생전 처음 대도시의 야경에 '아! 이런 세상도 있구나….' 마침내 달성광산 출장소에 도착했는데 운전기사가 광산에 들어가면 여관도 없으니 여기 대구시내에서 내리라고 하였다. 주머니 사정도 사정이지만 누님네가 살고 있다고는 하나 찾을 길도 없고 트럭 위에서 어떻게 해야 할 지를 몰라 망설이고 있는데 차가 출발을 했다. 달성광산에 도착하여 "야! 이녀석아, 여기는 여관도 없는데 왜 시내에서 내리라니까 안 내리고 여기까지 왔느냐"고 책망을 받았다. 하지만 이삿짐 주인이 마중을 나왔다가 나를 보더니 "아! 네가 웬 일이냐. 괜찮다. 우리집에 가서 자자." 알고 보니 상동광산 본부사무실 회계과에서 근무하던 사람이었다.

구세주를 만난 것 같았다. 그 분이 선광과에 취직까지 시켜주어서 기숙사 생활을 하며 현지 생활에 적응했다. 직장생활에 여유가 생기니 쉬는 날에는 동인동 시청 뒤에 있는 적산가옥인 누님댁에서 지내면서 도시생활도 익숙해졌다.

미군군복인 사제바지에다 금단추 학생복을 입고 시내를 활보하니 내가 대구 유명 대학에 유학을 온 기분이었다. 남의 눈에 너무 띄었는지 골목길에서 내 연배의 청년을 만났는데 시비를 걸어왔다. 피할 길이 없었다. 어쩔 수 없이 주먹으로 안면을 쳤더니 픽 쓰러지는 것을 보고 도망을 쳤다.

휴가를 내어 고향이나 다름없는 상동을 찾았더니 사람들의 시선이 집중되며 마치 외국에 유학갔다 온 사람처럼 부러운 눈초리로 반겨주었다.

지나간 일들을 곰곰이 생각하면 작은 신음에도 귀를 기울이시고 보잘것 없는 출입에 동행하시는 하나님이 내 일거수 일투족을 감찰하시고 인도하여 내 삶속에서 역사하신 하나님께 감사와 찬양을 쉴 수 없도로 하였다.

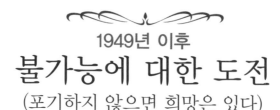

1949년 이후
불가능에 대한 도전
(포기하지 않으면 희망은 있다)

대한중석 상동광업소 공작과에 근무하면서 부모님과 두 동생을 양육하고 있는데 내 장래를 생각할 때 언제까지나 이런 생활을 계속하고만 있을 수는 없었다. 불타는 신앙심과 그해 성탄절에 성극을 했는데 공교롭게도 신학생 역을 맡아 잘 소화한 뒤 신학을 공부하고 싶은 생각이 온 몸을 사로잡았다.

▲ 좁고 험한 신학교 입학하여
　　돌이켜보며…

그러나 내가 공부를 시작하면 가족은 누가 돌보며 학비, 식비, 교통비 등 경제문제는 어떻게 해결할 것이며, 직장 또한 어떻게 해야 하나 아무리 생각해도 도저히 답이 나오지 않았다.

그러나 나는 문득 이러한 생각에 사로잡혔다. 바람아 불어라! 나는 간다. 파도야 치려무나. 나는 간다. 앞뒤 전후를 생각지 않고 전능하신 하나님의 능력을 믿고 구하라 주실 것이요, 찾으

▲ 영월추계 체육대회에서 우승하고 찍은 사진

▲ 대구 달성광산 팀과 겨루어 승리한 기쁨을 만끽하며 찍은 사진

▲ 선후배들과 송별기념으로 찍은 사진

라 만날 것이며, 두드리라 열릴 것이라는 말씀을 믿고 무작정 서울에 있는 학교를 찾아가서 응시했다. 합격자 발표날 6번 장태현이라는 이름 석자가 붙어 있지 않는가? 심장이 터질 것 같은 기쁨을 안고 귀가했다. 이때 유형기 박사가 번역한 주석 한 권을 사가지고 공부하기 시작했다.

회사에서 이 사실을 알고 공부할 수 있도록 배려해 수도펌프를 관리하는 자리로 옮겨 주어 할 일이 별로 없었다. 공부할 수 있는 시간은 넉넉하고 12시간씩 맞교대를 하는데 동료 정 씨라는 분도 월남해 독신으로 사는 사람인지라 거처도 마땅치 않고 살림집도 없으니 그저 이름만 걸어놓고 학교에 가서 열심히 공부하라고 편의를 봐주어 시간 문제가 해결되었다.

감히 바라지도 상상도 못한 일이 내 삶에 현실로 나타났다. 이때서야 불가능에 도전한 보람을 느꼈다. 그러다가 6·25가 터져 서울이 함락되자 학교가 대구로 옮겨지고 수업도 못하게 되자 학비나 생활비가 절약이 되어 아쉬운 대로 조달이 가능하게 되었다. 그야말로 포기하지 않으면 희망은 있다는 확신과 불가능에 도전한 보람을 느끼며 학업에 전념했다.

나는 내 삶속에서 역사하신 하나님의 능력을 생각할 때 독자 여러분도 안 된다는 부정적 생각은 버리고 하면 된다는 신념을 가지고 산이라도 옮겨 바다로 가게 하시는 하나님의 능력을 믿고 스스로를 무장하고 무엇이든지 시작하면 반드시 하나님이 이루어 주신다는 확신을 가지게 된다면 이 글을 쓰는 저로서는 더할 나위 없는 기쁨이요, 보람일 것이다.

주일 예배가 끝나자 삼삼오오 모여 수근거렸다. 그것은 즉 6·25전쟁이 터졌다는 것이다. 나와는 별 상관이 없는 전쟁으로만 생각하여 대수롭게 생각지 않았는데 교인이요, 신학생이란 위치와 운수과 기사로 종사하던 장왈현 형님이 서울에서 피신한 회사간부들을 맞으러 제천으로 나갔다가 강릉에 주둔하고 있던 8사단 21연대 헌병대에 징발되어 참전케 됐다는 소식까지 듣게 되었다. 또한 매일밤 내무성 소속 직원들이 총을 들고 우리집 주위를 서성거렸다. 그렇다고 발사하는 것도 아니고 육체적 고통을 가하는 것도 아니지만 정신적으로 큰 압박이 아닐 수 없었다.

그러던 어느날 인민군 의용병으로 입대하라는 압력을 받았다. 버티는 것도 하루 이틀이지 결국은 강제 입대하여 제천군 송학면 산기슭에서 훈련을 받았다. 대학출신은 손을 들라기에 응했더니 짝대기 두 개의 계급을 주었다. 당시 나는 소대장과 인간적으로 가까워져 도망병을 잡으러 가는데 동행도 했다. 그 중에 중대 단위의 부대있는데, 조직은 우리 군대와 별 차이가 없으나 부중대장이라는 골수 공산당원이 있었는데 부대 전체의 사상을 감시, 감독, 감찰하고 있었다.

얼마 후 훈련을 마치던 날 영주군 소촌면으로 이동 복무하는데 이상하게도 영주방면에서 공습하는 폭음소리가 들려왔다. 정신 교육을 철저하게 받았지만 국군이 수복하리라고는 생각지도 못했다.

그러던 어느날 부대이동이 시작되었다. 주로 야간행군만 하는데 며칠이고 계속 잠을 못자고 행군을 하다보니 길이 구부러진 곳에서는 논두렁에 거꾸로 처박히기를 여러 차례였다. 아마도 짐작컨대 영월 화력발전소 부근의 어느 지점에서 어떤 무기의 공격을 받았는지 말과 사람이 시커멓게 타 그슬려 있고 어둠 속이지만 콧구멍과 입술 부근만 하얗게 보였다. 그 수가 상상을 초월할 정도로 많았다. 계속 행군을 하는 지금은 야간뿐 아니라 낮에도 행군을 했는데 강원도 진부령 모퉁이를 지나는데 벽에 '이승만 박사 만세'라는 벽보가 붙어 있었다.

뒤늦게나마 아차 무슨 일이 있는가보다. 아니나 다를까 지척에서 폭탄이 터지는가 하면 공기의 마찰로 총알 날아가는 소리가 귓전을 울리더니 북진하고 있는 우리 대열에도 맹렬하게 폭탄을 투하하고 옆에 사병들이 기관포탄에 피투성이가 되어 쓰러지지 않는가. 이때다 싶어 부대를 이탈하여 산속 덤불 속으로 피신했는데, 3인조 중 부하두 명이 따라오고 있지 않는가? 이렇게 모여 있으면 위험하니 각자 피신하라고 명하고 밤이 되니 더 깊은 덤불 속으로 피신을 하였다.

밤이 되니 춥기도 하고 두렵기도 하여 두루두루 살펴보니 저너머 계곡 건너 산자락에 불빛이 반짝이지 않는가. 국군에게 발각되면 적군으로 오인되어 사살당할까봐 가장 낮은 자세로 거의 포복 하다시피 하여 계곡을 넘어 산허리의 불빛을 찾아 올라갔다. 주위와 집안의 동정을 살핀 후에 주인을 찾아 사연을 호소했다. 형님은 8사단 21연대 헌병에 복무하고 나는 의용병에 징용되어 참전했는데 아마도 국군이 북진을 하고 있는 것 같은데 좀 피신할 수 있게 해 달라고 간곡히 부탁을 했더니 우선 추운데 들어오라고 반겨 주었다.

며칠을 유하는데 산중 음식에 익숙치 못하여 잘 못먹는 것을 보더니 옥수수로 만든 일명 올챙이묵을 만들어 주었다. 참으로 고마운 사람들이라고 마음속으로 감사했다.

며칠을 지낸 뒤 조금 조용하다싶어 입었던 의용군복을 벗어던지고 속옷 셔츠 바람으로 신작로로 이동하여 남하하는데 우렁찬 자동차 소리와 함께 국군부대가 북상하고 있는 것이 아닌가. 나는 있는 힘을 다해 두 팔을 높이 들고 '대한민국 만세'라고 아마 내 생애에서 이렇게 뼛속에서 우러나 '대한민국 만세'라는 구호는 다시 불러보지 못할 정도로 감격스러운 포효였다.

그리고 진부읍 부근 헌병초소에 찾아가서 사정을 이야기 했더니 무척 친절하게 대접을 해주었다. 여기저기에서 모여든 인민군 패잔병들과 의용군 포로들이 많이 모여 대관령을 넘어 강릉 버스정류소에 자리를 잡았다. 일층에는 의용군 부대원이 차지하고 이층에는 인민군 출신들을 수용했는데, 이 소식을 들은 강릉 시민들과 부모들이 찾아와 해골만 남은 자식들을 대면하고선 이성을 잃고 돌을 이층에 자리 잡고 있는 인민군들에게 던지며 내자식이 무슨 죄가 있다고 저 모양 저 꼴로 만들어 놨냐고 결사적인 분노를 표출했다. 보다 못한 헌병대에서 강릉 사람과 삼척이 집인 사람을 나오라고 해서 따로 수용케 했다.

하나님이 주신 지혜

순간 머리에 떠오르는 것은 아마 이 사람들을 부모 품으로 돌려 보내 주려는가라고 생각했는데 순간적으로 "영월사람은 안 일어섭니까?" 했더니 "영월이 어딘데? -- 예 영월은 삼척하고 바로 붙어있는 곳입니다. 그래? 그러면 일어서봐," 12명이 일어섰더니 강릉, 삼척에 사는 사람들의 대열에 합류시키고 남은 병력은 늦가을 궂은비가 내리는 강릉 시가 어디로 가는지조차 짐작 못하고 뱃고동이 울리는 방향을 향하여 가고 있었다.

나는 짐작했다. 아마도 거제도 포로수용소로 이동할 것이다. 그 대열에서 제외된 것이 얼마나 감사한지, 그 순간 그런 지혜가 어디서 났는지 생각해 볼 때 지금도 분명 '하나님이 주신 지혜'일 것이다라고…. 그 순간 그 시점에 지혜로운 말 한 마디가 포로수용소로 가느냐, 집으로 귀가하느냐 귀로에서 올바른 선택을 하도록 했음이 분명하다.

지금 생각해도 아찔한 순간이었다. 나는 "헌병대에 귀가증명서를 한 장 써주십시오."라고 부탁하니, "아~니 바로 여기서 멀지 않은데 무슨 증명서냐! 그냥 가"라고 했으나, "아닙니다! 이렇게 머리를 빡빡 깎고 물론 인민군 상의는 벗어 버렸으나 하의는 입은 상태에서 이곳을 나가면 열 발자국도 못가서 다시 잡힐 것입니다. 귀가증명서를 한 장 써 주십시오"라고 하며 간청하여 헌병지구대장의 귀가증명서를 한 장 받았다. 그리고 남은 사람들은 그 더러운 버스정류소 청소를 명 받았는데 그 더러운 오물들이 보물섬의 보물이나 되는 것처럼 맨손으로 쓸어 담고 아주 깨끗이 청소하였다. 매사가 마음먹기에 따라서 분명히 달라진다는 진리를 다시 한 번 실감하였다.

그 후 백두대간 태백준령을 며칠에 걸쳐 걷고 또 걸어서 곳곳에 있는 대한청년단의 후한 대접과 고생 많이 했다는 격려와 음식 접대까지 받았다. 지금 생각하면 참 고마운 분들이다.

조국에 안긴 포근함을 느끼면서 천신만고 끝에 드디어 꿈에도 그리던 고향집에 도착했다. 성서에 의하면 탕자가 돌아온 이상 감격의 귀향이었다. 왜냐하면 폭격에 전사했다는 소식을 듣고 있던 부모, 형제, 이웃들은 잃어버렸던 탕자가 아니라 죽었던 자식이 살아왔으니 축제도 이런 축제가 어디 있으랴. 브라질의 삼바축제가 유명하다고 했던가~. 세계 도처에 허다한 축제가 있다하나 이렇게 살아 숨쉬는 기쁨의 축제가 또 어디에 있으랴. 권투선수 홍수환 씨의 어머니가 아들의 승전보를 듣고 '대한민국 만세다'라고 하던 가슴 터질 듯한 기쁨이 우리 가정뿐 아니라 이 나라 방방곡곡에 울려 퍼지게 되길 기원해 본다.

인명은 재천이다

흥분이 채 사라지기도 전에 무언가 조국을 위해 해야겠다는 생각에서 학도호국단을 조직하였다. 적들은 패전하여 산간으로 북진을 계속하는데, 지방치안이 말이 아니었다. 본부를 지서(지구대)에 두고 적이 출몰할 만한 곳으로 초병들을 보내 사수하는데, 나는 동료 두사람과 태백산의 일명 치랭이꼴이라는 곳으로 초병을 나갔다.

어느날 한 50리 떨어진 곳에 적이 나타났다는 정보가 입수되었다. 지형상으로 보아 외딴집에 침투할 확률이 높아 낮에 그 집을 찾아가서 위와 같은 정보가 있으니 만약 밤에 적들이 오거든 친절하게 대하면서 횃불로 신호를 해 달라고 부탁을 하고 마을 주민들에게 보초를 부탁했다. 아니나 다를까! 새벽 4시쯤 되어 그 외딴집에서 횃불이 돌아가고 있지 않는가. 적의 숫자가 몇인지, 소유한 무기가 무엇인지도 모르면서 무조건 공격을 시작했는데 지형은 대개 아래와 같다.

'치랭이꼴 마을' 동명미상

긴장을 하고 새벽 미명의 어둠속을 주시하고 있는데 갑작스럽게 총소리가 나더니 예광탄이 내가 은폐하고 있던 세모난 모서리를 맞고 앞산을 넘어가는 것이 아닌가. 더 이상 생각할 여유가 없이 그저 이성을 잃고 본능적으로 사격을 했다. 마구 쏘아댔다.

얼마 후 총알이 윙윙 귓전을 울리더니 예광탄이 새벽 이슬에 젖은 지붕에 박혔는지 지붕에서 불이 나며 주위가 매콤한 연기로 가득 찼는데, 방앗간에 숨어있던 적군이 연기에 질식되었는지 내가 은폐해 있는 곳을 향해 무작정 돌진하고 있지 않는가. 정신없이 총을 쏘고 있는데 쓰러지지도 않고 계속 다가오고 있는 것이다.

그러자 MI 소총의 탄피가 땡그랑 튀어 나왔다. 불과 거리가 3m도 채 안 된다. 실탄을 재장전할 시간이 없다. 어떻하면 좋을까? 적을 살피니 머리카락은 여자들마냥 길고 옷은 인민군이 안 입는 얄궂은 색의 복장을 한걸 보아 팔로군 출신이었다. 그런데 들고 있는 총은 딱콩총이라고 불리우는 단발총이다. 극히 짧은 시간이지만 수많은 생각이 주마등처럼 머리를 스쳐갔다. 나는 8발 연발총으로도 못 맞추었는데, 너는 단발총이니 반드시 맞춘다는 법도 없지 않기에 그러면 나는 어떡할까 고민했다. M1총 개머리판으로 턱을 쳐서 넘어뜨려야겠다고 결심하고 총을 거꾸로 들고 벌떡 일어나서 적병의 턱을 조준했다. 그런데 적병의 총신은 내 가슴을 조준하고 있었다. 총소리가 나기 전에 턱을 칠 필요가 있겠다싶었다. 탕 소리와 더불어 앞으로 넘어지면서 턱을 치리라. 총성을 기다리고 있는데 가슴에 조준했던 총신이 자꾸 올라오면서 머리 부분에 이르렀다.

오~ 가슴보다 머리를 쏘려는가 보다. 그러자 번개같이 머리를 밑으로 푹 숙이고 사정없이 적병의 턱을 쳤다. 퍽 소리와 더불어 뒤로 팔자형으로 넘어지면서 총은 가까운 곳에 떨어졌다. '살았구나. 아무렴 인명은 재천이 아닌가.' 버려진 총을 수습하고 허리 부분에 수류탄 같이 불쑥 나온 것이 있어 수류탄인줄 알고 수습하려는데 뭉클하는 것이 아닌가? 아 ~ 이미 내 총알에 맞아 무의식적으로 다가오다가 뒤로 넘어지면서 총신이 위로 올라갔던 것이다.

'인명은 재천이라' 하나님이 지켜 주셨구나 싶었다. 이 사람이 소지했던 총을 창공이 향해 방아쇠를 당기니 딱콩하는 괴음이 고요한 아침의 적막을 깨지 않았는지 몸이 오싹하고 머리카락이 하늘로 치솟는 것 같은 느낌이었다. 정신을 차려 돌아와 그 사람을 다시 보았더니 입에 담지도 못할 욕을 하면서 자기를 좀 죽여달라고 애원을 하였다.

목숨은 누구나 귀하므로 일단 후방병원으로 이송하면 고칠 수 있으니 참고 기다리라고 권했는데 내 동료가 옆에 오자 또 욕설을 퍼붓듯 하니까 성질 급한 친구가 여지없이 총을 쐈으나 질긴게 생명인지라 죽지 않고 신음하는 모습을 보면서 저 사람도 어느 부모의 귀한 자식이고 푸르디 푸른 꿈을 가슴에 가득 담았을텐데….

하나님이 주신 귀하고 귀한 생명인데 무엇 때문에 누구를 위하여 산 설고 물 설은 이땅에서 저렇게 개 죽음을 해야 하나 싶었다. 과연 누가 이 책임을 져야 하는지 안타까웠다. 죄없는 저 푸르고 푸른 청춘들의 원혼은 차라리 죽여달라고 애원하는 그 얼굴 표정과 아픔, 그리고 피우지 못하고 사라진 그 한을….

▲ 상동교회 주일학교 교사들과 학생들이 군에 입대하는 나를 송별해 주는 기념 사진

무엇을 위하여

누구를 위한 공산주의인
가…? 지금 북한은 제대로 공
산주의 나라가 실현되고 있는
가? 김씨 일가와 그 추종 세력
들은 도대체 권력이 무엇이며
체면과 집권이 무엇이기에, 얼
마나 살고 또 얼마나 가지고 누
리려는지…? 인생을 모르고 전
쟁을 일으킨 자들은 천인공노
할 천벌을 반드시 받고야 말 것
이다.

▲ 상동교회 뜰에서 사모님과 누님과 친구들

군 생활 에피소드

그런 가운데 일선에서 전쟁이 더욱 치열해져 군에 입대하지 않을 수 없어 회사에 휴직계를 내고 학업도 중단한 채 입대하여 참전하게 되었다. 소집된 예비병들이 어디를 가는지도 모를 배를 기다리기 위해 포항 모 고등학교 운동장에 집결되었다. 추운 운동장에서 군수품이 하달되었는데 미군 작업복과 신발, 모자 등이었다. 옷을 입으니 나처럼 체격이 작은 사람은 바짓가랑이에 다 들어가도 될 만큼 크고 모자는 머리가 둘이나 들어가도 남을 만큼 커서 쓰면 눈이 가려 앞을 볼수 없었고, 안 쓰면 군기에 걸려 기합을 받는 등 참담한 심정이었다.

저녁이라고 주는 밥은 주먹밥을 고등어 삶은 물에 담갔다가 건진건데 얼어서 먹으니 버석버석 어름 깨지는 소리가 날 정도였다. 웃어야 할지 울어야 할지 참혹한 현실 앞에 나는 곰곰이 생각했다. 병사에게 입힐 작업복 한 벌을 준비 못한 나라가 북침을 했다니…? 아연 실색이란 말이 이럴 때 쓰라고 준비된 말이 아닌가 싶을 정도로 씁쓸함을 느꼈다.

L.S.T라는 보도 듣지도 못했던 배를 타고 어디를 가는지조차도 모른 채 얼마를 갔는지 도착한 곳은 제주도 삼방산 밑이었다. 아열대 식물이 우거지고 낯설은 삼방산의 모습은 피로한 중에도 큰 위안을 주었다. 주일이 되어 모슬포 훈련소 소본부 교회에 갔더니 수천 명의 신자가 운집했다.

고생 고생 끝에 교회 품에 안기니 마치 어머니 품과 같아서 큰 위안을 받았는데 강단 옆에 큼직한 그랜드 피아노가 있지 않는가. 나도 모르게 허락도 받지 않고 뛰어나가 유일하게 암기하고 있는 곡 '배~ 떠~나 가 ~안다…'를 신들린 사람처럼 연주하였다. 박수갈채와 함께 훈련소 내에 명 피아노 연주자가 입대했다는 소문이 났다.

그러던 어느날 소령계급장을 단 장교가 찾아와서 "네가 장태현이냐? 네~ 그렇습니다~. 이 지프차를 타라. 직속상관한테 양해를 구했으니~. ~어디를 가자는 겁니까? 가보면 알아~. 자네가 피아노를 잘 친다면서? 아닙니다. 저는 피아노를 칠 줄 모릅니다. 그저 한곡 외워서 쳤을 뿐입니다. 아! 됐어. 그래도 가야돼." 그래서 도착해 보니 어느 장교님의 결혼식장이었다.

사연인즉은 초등학교 여선생이 웨딩마치를 연주해 주기로 약속을 했는데 급한 일로 육지에 나가 행진곡을 칠 사람이 없다는 것이다. 참으로 난감하기 짝이 없었다. 피아노를 칠 줄 모르니 말이다. 실랑이를 벌이고 있는데 어느덧 시간이 되어 산랑 신부 입장 준비가 다 되었다. "행진곡 악보라도 주시면 단음이라도 쳐 보겠습니다." 했더니 "야! 이 사람아 군대에 악보가 어디 있어. 그냥 쳐." 그러자 신랑 신부 입장하라는 주례사의 지시가 떨어졌다. 할 수 없이 생각해 낸 것이 아무 곡이나 4분의 4박자 찬송이라도 쳐야겠다고 생각되어 '풍우대작 할 때와~'를 연주했더니 신랑 신부는 음악에 발맞추어 입장을 했다. 식이 끝나자 모두들 달려와서 "야~~장일병, 오늘 너 아니었으면 큰일 날 뻔했다."며 융숭한 대접을 받았다.

이런 살벌한 전쟁터에서 훈련병이 소령님의 지프차를 타고 피로연석에서 맛있는 음식을 대접받다니 정말 이런 에피소드도 없었다. 휴전회담이 진행되고 있어서 그런지 전선의 소식은 하루살이 사병이 나돌 정도로 일주일 소위라는 소문이 파다할 정도로 전쟁의 포화속에서도 웃지 못할 에피소드가 있었는가 하면, 땀 방울이 핏방울이 되리만치 처절하게 훈련에 임하는 젊은이들의 모습도 보았다.

▲ 천신만고 끝에 군목과로 파견되어 찬송을 인도하고 있는 장면

　산을 날릴 것 같은 함성과 구슬같은 땀, 자신들과 나라를 위한 야무진 꿈~~. 누가 제주도를 일러 여다(女多), ~풍다(風多), ~석다(石多)의 삼다도라 했는지 몰라도 한라산을 날릴 것 같은 함성, 흘린 땀이 핏방울이 될 것 같은 훈련소의 열기는 식을 줄을 몰랐다. 여기를 삼다도라는 섬이라 이름지어 후대에 전하고 싶고, 이것들이 영글어 열매가 되어 기필코 승전고를 울리는 날이 오게 되기를 기대한다. 훈련을 마치고 공병학교를 거쳐 1203 건공단에 배속되었다.

　배치받은 이튿날부터 집터 땅 파기가 시작되었는데 해 보지 않던 일이라 여간 힘든 것이 아니었다. 이튿날 점호시간에 교회로 달려가 기도하기 시작했다.

　'도저히 이 생활에 적응할 수 없으니 아버지 무슨 방법을 좀 만들어

주세요.'라고 정말 간절한 기도했다. 기도를 마치고 귀대하니 신병 한 사람이 도망쳤다고 부대 전체가 발칵 뒤집어졌다.

나는 기합을 받았다. 폭행도 당했다. 다시는 그러지 않기로 약속하고 넘어갔다. 하지만 그 이튿날 기상나팔과 동시에 또 교회로 갔다. 그래서 어제보다 더 큰 기합을 받았다.

그래도 막무가내로 기도를 계속했다. 하루는 기도하는데 카바이트 덩어리가 날아와 내 입속으로 들어왔는데, 위가 부글부글 녹는 것처럼 온 몸이 막 붉어지고 억제할 수 없는 힘이 솟구쳤다. 손으로 천막 한복판에 서 있는 나무를 치면 부러질 것 같은 충동을 느꼈다. 어느 환자가 옆에 있으면 손을 얹으면 무슨병이던지 나을 것 같은 충동도 느꼈다.

바로 그날이다. 건공단 참모회의에 문제가 상정되었다. 신병 한 명이 기상만 하면 점호에 응하지 않고 군목과에 가서 기도만 하는데 아무리 때리고 말려도 듣지 않으니 이 문제를 어떻게 하면 좋겠느냐는 의제였다.

참모 중에 부연대장이 믿는 사람이었는지는 모르나 그렇게 신앙에 열중하는 사병이 있다면 군목과로 파견을 하면 얼마나 잘하겠느냐라고 제안을 하여 군목과로 파견근무하게 했다.

얼마나 놀라운 응답인가? 난 산 체험을 가지고 기도하며 찬송을 인도하고 열심히 충성을 다했다.

내 삶속에 역사하신 하나님께 다시 한 번 감사와 찬송을 드린다.

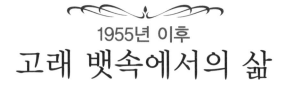

1955년 이후
고래 뱃속에서의 삶

군대를 제대하여 제일 먼저 사귄 사람은 지금의 아내 공준선이었다. 성가대에서 같이 봉사하며 교제하기 시작했다. 그런데 내가 선택해야 할 3가지 기로에 서 있었다.

첫째, 그대로 회사에 복직하여 기계공으로 사느냐?

둘째, 아니면 원주에 있는 쥬디 선교사의 비서로 가느냐?

셋째, 신학을 공부했으니 목회를 하느냐?

지금의 아내가 된 사람이 적극적으로 목회의 길을 걷자고 건의하여 그렇게 하기로 하고 회사를 퇴직해야 하는데, 마지막 월급을 기준으로 하여 퇴직금을 환산하기 때문에 퇴직 시에 월급이 많은 직장을 선택해야 했다.

상동광업소 부설 만항탄광이 있는데 탄부생활비가 가장 높았다. 3개월만 고생할 각오하고 만항탄광 기숙사에서 숙식을 하며 탄부생활이 시작되었다. 탄광 탄부의 생활을 겪지 못한 사람은 어떤 표현으로 말해도 제대로 느끼지 못할 것이다. 마치 요나가 고래 뱃속에서 겪었던 칠흑같은 빛이라고는 찾아볼 수 없는 암흑의 땅굴이며, 익숙하지 않은 노동이라 여기저기 다치기도 하는 등 애로가 많았다. 이런 사정을 감안한 감독자가 비교적 힘이 덜 드는 석탄 손수레가 나오면 쏟아붓는 곳으로 옮겨 주었는데 야간근무를 할 때는 여간 무서운 것이 아니다.

맹수가 금방이라도 들이닥쳐 해할 것 같은 공포감, 그도 그럴것이 함백준령 한복판에 석탄 손수레가 나올 때까지 혼자 기다리니 그럴 수밖에 없었다. 만약 호랑이가 출몰하여 내 목이나 허리를 문다면 두 손은 움직일 수 있으니 손가락으로 호랑이의 눈을 찌르면 끝내 물고 가겠는가싶어 마음을 굳게 다졌다.

이렇게 정신적으로 무장을 하니 덜 무서웠다. 그렇다. 인간은 정신적인 동물이다. 살아나가는 과정에서 어떠한 큰 시련이나 두려움이 엄습해 올지라도 믿음으로 무장하고 정신을 차리면 어떠한 시련도 극복할 수 있겠구나 생각되었다.

악전고투 끝에 3개월은 버텨야 한다. 눈만 반짝일 뿐 온몸이 탄가루로 뒤덮힌 내가 거울을 봤는데 정말 가소롭기 짝이 없었다. 이런 와중에도 식당에 가면 돼지비계 찌개에 밥을 큰사발 가득 담아 주는데, 내 일생 중 식사가 그렇게 즐겁고 행복해 본 적이 없다. 3교대 근무인데 낮에 일을 한 날은 사랑하는 애인이 있는 곳으로 가고싶어 30~40리의 함백준령을 멀다하지 않고 마구 뛰어서 상동까지 왔다가 그 이튿날 새벽에 또 도보로 일터에 출근을 했다. 사랑의 힘이 그토록 강한 것인지 새삼 느꼈다. 명색이 신학을 한 사람으로서 주일 낮에는 목회자가 없는 탄광지역에서 내가 설교를 하고 예배를 인도했다.

그러던 어느날 본교회 연예부에 지원을 받아 광부들 위안공연을 계획하고 회사의 지원을 받아서 가설무대를 짓는 등 바쁜 일정을 보냈다. 드디어 공연 날짜가 다가와 위문공연을 하는데 사랑하는 여인이 '바위고개 언덕'이라는 주제로 무용을 창작해서 출연했는데 반응이 좋았다. 때마침 교육청 주관으로 예술경연대회가 열렸는데 만항초등학교는 오지의 학교인지라 여교사가 없어서 임시 교사로 무용을 지도해 달라는 부탁을 받고 학생들을 열심히 지도했다. 당시 그 여인은 교육청 예술경연대회에서 명예의 준우승을 했다.

▲ 결혼식 때 짖궂은 친구들이 바구니에 비둘기를 가두었다가 행진과 동시에 터뜨려 축하객이 놀라는 장면

　학교의 요청으로 내 걸프랜드는 그 학교에 임시 교사로 발령이 났고 나는 자격은 없으나 전도사의 사역으로 오지의 주민들에게 전도하고 가르치는 일에 몸을 불태웠다.

　드디어 3개월이 되면서 봉급도 많고 어느 정도 적응이 되고 또 서울연회가 3월인지라 파송받을 시간도 한 3개월 여유가 있어 고생스럽지만 보람도 있었다. 한 3개월 더 일하기로 하고 결혼식도 올려야 함으로 11월 18일 결혼 날짜를 잡아놓고, 연인은 신혼준비 때문에 서울을 오르내리며 준비하고 나는 나대로 식장 장식 등 분주한 나날을 보냈다. 비록 시골교회이지만 전무후무한 예식을 올리고 만항탄광의 남루

▲ 신동교회 신축 상량식 1956. 7. 26

한 방 한 칸을 빌려 신혼생활이 시작되었다.

함백산은 고산지대라 눈이 1미터씩 내리는 관계로 눈썰매도 즐기고 나름대로는 퍽 행복한 신혼생활을 했다고 자부하고 싶다. 하루는 점심시간이 되어 난로에 데운 도시락 뚜껑을 열었는데 깜짝 놀랐다. 무슨 지렁이 같은 붉은 물체가 꾸불꾸불 새겨져 있지 않는가? 내용을 자세히 보니 아내가 '사랑, 인내'라는 글자를 팥을 삶아 새겨넣은 글씨였다. 쓴웃음이 나오면서 한결 위로가 되고 용기도 솟았다. 그러자 6개월의 기한이 다 차고 3월에 서울정동교회에서 연회가 열렸는데, 강원도 정선군 신동면 신동교회로 파송하라는 연락을 받았다.

부임해 보니 우체국 국장이신 장로님 한 분과 약국을 경영하는 이 권사님과 10여 명 되는 처녀들이 동내 공회당을 빌려 예배 드리는 아주 낙후된 지역일 뿐 아니라 교회도 무척이나 열악했다.

그러나 개의치 않고 교회건축에 도전했다. 물론 예산도 못 세우고 지원자도 없지만 전능하신 하나님의 집을 짓는데 안 될 것이 무엇이 있겠는가? 지방 유지들과 의논한 결과 중학교를 지으려다 못짓고 있는 기초공사까지 다 마친 대지를 사용키로 하고 우선 내가 회사에서 받은 퇴직금 50만 환으로 공사를 시작하였다.

건축헌금 같은 것은 상상도 못하고 그저 하나님의 집 하나님이 지으실 거다라는 믿음 하나만 의지하고 밀고 나갔다. 상동교회 목수 출신인 권사님에게 건축을 부탁하고 야산을 하나 사서 벌목을 하고 제재소에서 제재를 하고 처녀 교우들도 달밤에 치마에 자갈 모래를 나르며 일심동체가 되어 그냥 밀어붙였다.

당시 미국교회에 6·25 후에 복구자금이라고 해서 지원해 주는 제도가 있었는데 무조건 강원도 꿀을 몇병 사서 들고 총리원 선교국 총무로 계신 조신일 총무에게 '이것 원주지방 이명구 감리'께서 보낸 것이라 말하고 복구자금 지원을 요청했다.

퍽이나도 난색을 하면서 늦어서 다 배당되고 잔여금도 없다고 했다. 하지만 상동 제3교회 건축비로 50만 환이 지불되었는데 아직 착공을 못하고 있다는 말을 듣고는 지방 감리사님과 의논해 보라고 하셨다. 내려오면서 원주에 들려 이명구 감리사님에게 그 자금을 신동교회 건축비로 주라고 했더니 그 자금을 관리하고 있는 박재원 상동교회 목사님에게 서신을 써서 신동교회 건축비로 쓰도록 해달라고 간청을 해서 그 자금을 쓰도록 허락을 받고 일단 한숨 돌렸다. 그러나

▲ 신동교회 신축 중 청년회장과 함께

자금을 타서 관리하던 목사님의 비협조로 찔끔찔끔 공금을 받아 애로가 있었지만 건축비를 지불하지 못할지언정 교회건축은 비교적 진행이 잘 되었다. 하지만 빚이 이젠 산적되었다.

그러다 새 봄이 오면서 연회에서 원주지방에서 비교적 큰 연당교회로 파송이 되었다. 공사도 아직 마무리하지 못했고 빚도 많은데 퍽 난감했다. 그 와중에 우체국 국장인 장로님이 부도가 나서 서울로 가는 바람에 경제권이 없는 처녀 몇 명으로는 도저히 해결할 수 없는 처지였다. 빚을 준 사람들은 이 소식을 듣고 절대 못 간다고 저지를 하는데 나로서는 모처럼의 영전인데 아쉽고 그냥 있어 봐도 별 도리가 없었다. 그야말로 진퇴양난이었다.

그러던 어느날 정선읍 교회 박만달 목사에게서 서신이 왔는데 구호물자가 왔으니 수령하러 오라는 통지였다. 헌 옷가지나 좀 주는가보다 하고 갔더니 안남미 찹쌀이 왔는데 교회지분은 얼마 안 되지만 면단위 주민들에게 꽤 많은 양이 왔다. 군 위원장인 박 목사님이 교회 것만 수령해 가고 지역주민에게 줄 것은 안 주려는 의도가 보여 불러서 조용히 항의하면서 교회 신축을 하는데 쓰려고 하니 좀 봐달라고 했다.

나는 지금 교회 짓고 빚 때문에 오도 가도 못하고 있는 형편이라 실제보다 더 화급하다고 하자, 그러면 내구역 신동면 주민것과 자기 교회 남면 두 면 지분을 줄 터이니 여러 회원들에게 발설하지 말아달라고 부탁을 했다. 우리 교회 지분과 남면 지교회 지분 두 면 주민들에 줄것을 다 합치니 참쌀 78가마 정도인데,

▲ 연당교회로 승진을 앞두고 첫 딸 공주를 안고 기념 촬영(신동교회에서)

GMC 자동차에 산봉우리처럼 실을 정도의 양이었다. 막혔던 숨통이 좀 터지는 것 같았다.

하나님 어떻게 그리 아시고 제때에 많은 물량을 태평양을 건너 강원도 산골 이곳까지 보내 주십니까? 의기양양해서 차에 싣고 신동에 도착하니 우리 앞집에 사는 황 교장님의 사모님이 다가와서 "사모님이 아기 순산하셨어요."라고 속삭여 주었다. 즉각 머리에 스쳐가는 것은 아마 딸인가싶었다. 그렇지 않으면 득남을 했다고 했을 터인데 아마도 딸을 낳았는가보다. 그 애가 맏딸 장공주인데 이름을 공주라 지은 것도 사연이 있다. 명색이 지방유지인데 누구에게 가서 작명을 부

탁하기도 그렇고 가족들과 상의 끝에 내 딸이니 나의 성씨 '장'자에 아내의 성 '공'자와 두 사람의 자녀일 뿐 아니라 예수님이 주인이시니 주인 '주'자를 달았더니 진짜 장공주가 되었다. 이 이름 때문에 지방 동역자들이 모이면 공주의 아버지는 대왕마마, 어머니는 왕후마마, 아들은 황태자라고 호칭하면서 웃고 즐기기도 했다. 첫 애기라 자장가를 작사하여 재울 때마다 불러주었던 노래가 있었다.

- 우리집 공주는 떼쟁이 공주지 어머니 품에선 잘도 놀지만 어머니만 뚝 떨어지면 한없이 떼~써요.
- 우리집 공주는 예쁜 공주지 떼쓰고 울 때는 한없이 미워도 빵끗 빵끗 웃을 때에는 한없이 예~ 뻐요.

그 험한 분위기 속에서도 애 키우는 즐거움도 누리며 위안을 받기도 했다. 지방유지들과 상의해서 교회의 사정을 알리고 찹쌀을 전부 팔아서 빚청산을 했다. 그래도 아직 남은 빚이 있어 고민하고 있는데 이번에는 버터가 왔으니 수령해 가라는 것이다. 그 당시에 얼마나 귀하고 좋은 식품이었는지 고가로 매매하여 남은 빚마저 청산할 수 있게 됐다.

다시 말하거니와 어떻게 때맞춰 필요한 양만치 수령하게 하여 빚을 청산하고 큰 교회로 영전할 수 있게 해 주시는가? 내 삶속에서 역사하신 하나님! 다시 한 번 체험하면서 감사와 찬양을 마음속 깊은데서 우러나는 영광을 돌리면서 하나님은 분명 내 삶속에서 역사하신 하나님! 다시 한 번 다짐하며 앞으로도 거침없이 전진할 것을 다짐했다.

1년간 천신만고 끝에 교회가 완공되어 입주하였다.

여기서 나의 영전파송 과정을 잠깐 소개하고자 한다. 서울정동교회에서 파송기가 낭독되었는데 원주지방 8급 교회인 신동교회 신축 공로가 인정되었는지 3급 교회로 파송되었다. 전도사가 목사님 시무를 하고 장로 3명, 성도 100여 명 모이는 교회로 영전 발령이 났다. 이 파송기를 들고 중앙선 열차에 몸을 싣고 여러 가지 생각에 사로잡혔다. 신하는 자기를 인정해주는 상관에게 목숨을 바친다는 말과 같이 나는 아직 안수도 받지 못한 전도사인데 지방에 3급 정도의 교회로 파송된 희열과 감격을 가슴에 안고 귀가했다.

며칠 후 연당교회에서 장로대표 성낙영 장로님, 권사대표 유상열 권사님이 내방했다. 시골생활에 넉넉하지 못했으나 미국 구호물자가 많이 와서 그리 곤궁하지 않는 터라 나를 모시러 온 분들에게 시골에서는 보기 드물게 성찬을 차려 대접했다. 점심을 들면서 영 석연치 않은 얼굴로 식사가 끝나자 하기 어려운 말이지만 우리가 온 것은 모시러 온 것이 아니라 배척하기 위해서 왔노라고 털어놓았다.

목사가 계시던 교회에 전도사가 그것도 강원도 정선에서 영월군 남면 연당교회로 온다는 것이 그들에게 영 못마땅해서 제직회에서 파송을 불복하기로 의결하고 그 사실을 통보하려고 왔다는 것이다.

처음에는 왈칵 분노도 치밀었으나, "아 ~그러십니까? 난처해 하실 필요 없습니다. 원하는 교회에 가서도 성공하기가 어려운데 원치 않는 교회에 가서 어떻게 성공을 할 수 있겠습니까? 제직회의 의결에 따르겠습니다. 그렇지 않아도 이 신동교회를 내가 떠나면 건축 뒷처리도 있고 하니 그나마 새벽기도회 때마다 울며 기도하는 성도들이 있으니 미안해 하지 마시고 안녕히 가시오."라고 기차역까지 안내해 기차표도 사서 보내드렸다.

나로써는 대단한 양보였다. "그게 무슨 소리입니까? 파송에 불복하다니요. 감리교법에는 그런 법이 없습니다."라고 항변도 설득도 해 봄직한 순간이었다. 하지만 깨끗하게 즐거운 마음으로 양보하였다. 며칠 후 트럭 한 대가 들이닥치며 청년들이 모시러 왔다고 한다. 어찌된 일인가.

그때 어느 두 분이 여기서 감동을 받고 가서 제직회를 소집하여 나에 대한 됨됨이가 사람은 조그마하고 그리 시답지는 않지만 하는 처사로 봐서 그런 전도사를 놓치면 교회에 큰 손실이 될 거라고 증언하여 제직회에서 초빙키로 재의결했다는 것이다.

예수께서 말씀하시기를 '지는 자가 이기는 자'라고 하신 말씀이 어떻게 내 가슴에 와닿는지! 그래 앞으로 중대한 결정을 할 때에는 내가 한발 양보하고 살아야겠다고 결심하였다. 모든 인생사가 다 양보의 미덕을 세운다면 주님께서 도와주신다는 사실을 꼭 후대에 모든 성도들에게 남기고 싶어서 이 글을 남긴다.

▲ 원주지방 청년지도자 하기 강습회
(1958. 7. 31 연당교회에서)

▲ 제천지방 기독교 교육 강습회
(1959. 7. 30 연당교회에서)

드디어 부임날짜가 되어 연당 기차역에 하차하니 늦은 아침나절인데 역에 인파가 넘치고 있었다. 무슨 축제가 있나 했는데 사실은 나를 영접하기 위해서 동원된 교인들이었다. 역에서 교회까지 한 500미터 되는데 신작로 양쪽에 교인들의 행렬이 수십 미터 되는 것 같았다. 모두가 기뻐하며 환영해 주었고 아이들, 남자 여자, 개들까지 뛰며 기뻐하면서 영접하는 모습은 백만대군을 무찌른 개선장군의 입성과도 같아서 내 일생 일대에 지울 수 없는 영화의 한 장면과도 같았다.

드디어 목회가 시작되었는데 교인들이 밤예배를 마치고 집으로 가는 것이 아니라 사택에서 밤이 깊도록 좌담하고 대화하며 즐겼다. 임신을 한 아내는 견디다 못해 내 철제 침대 밑에 들어가 자는 경우가 비일비재하였다.

교회를 위한 기도 중 은혜스럽고 화목하고 순종하는 아주 훌륭한 교회인데 문제는 첫째, 농촌교회인지라 경제가 궁핍하고 둘째, 강원도 산지인지라 후진적 사고에 사로잡힌 것이 문제라고 생각되어 우선

▲ 연당교회 야외예배(1979. 5. 6)

▲ 연당교회 부흥집회를 마치고

경제적 자립과 농촌계몽운동을 일으켜야겠다고 생각되어 구호물자를 배분하지 않고 팔아서 발동기를 사서 먼저 우리 교인들의 벼부터 찾아다니며 도정하고, 그 인근에 있는 동리 사람들의 벼도 도정하여 돈을 모아 정립하고 논 10마지기를 사서 재단에 등기했다.

우선 교역자 식량문제가 해결되고 교회 재정 운영에도 많은 도움이 되었다. 서강을 끼고 있는 입지적 환경 탓에 원주지방 청년 하계수련회를 유치하며도 농촌간의 격차를 줄이고 문화교류도 했다. 농촌 선진화를 위해 농촌진흥청에서 실시하는 강습회에 참석하여 배우던 중 양봉사업이 합당할 것 같아서 남에게 권하기 전에 내가 먼저 한 통을 사서 시범을 보여 줘야겠다고 생각하고 양봉 한 통을 사서 설탕을 몇 포 먹였더니 그해 꿀 한초롱과 새끼 벌이 번성하여 4통이 불어 5통이 되었다. 이 사실을 본 유진옥 권사님이 양봉을 한 통 사겠다하여 한 통에 4만원이나 하는데 당신이 돈이 어디 있어 사겠느냐고 했더니 문전옥답을 팔아서 사겠다는 것이다. 도저히 내 양심으로 용납이 안 되었다. 논을 팔아 양봉을 사다니, 그러다 잘못해 벌이 날아가면 그도 그지만 내가 무슨 꼴이 되겠는가? 안 된다고 했더니 날려도 내가 날리고 키워도 내가 책임질 것이니 부디 한 통만 분양해 달라는 것이다. 그때 형편으론 그냥 줄 수 있는 형편도 못되고 마지못해 분양을 했더니 15년 후 서울에서 KBS방송에서 연당이 벌마을이 되었다는 뉴스를 보고 그래도 내가 농촌계몽의 일익을 담당했구나 싶었다.

연당교회에서 장남 두영과 2녀 은주를 얻었는데 아들 두영을 해산해놓으니 마치 얼굴에 주먹을 얹어 놓은 것같이 코가 오똑하고 애들도 적지 않아 마음이 흐뭇했다. 성낙영 장로님이 돌림자가 '두'자며 영화가 마루를 뜻하는 의미로 장두영이라 이름을 지어 오셨는데, 나는 예명으로 요셉이라 이름지었다. 이유는 요셉과 같이 피나는 고통과 고생의 관문을 통해서라도 애급에 총리대신이 된 것처럼 아들도 어떠

◀ 우리집 귀염둥이 장녀 공주와
장남 두영

▶ 장남 장두영의 애기 적
모습

막내 딸 은주의 어린시절

한 난관이 닥치더라도 인생의 파도가 그를 단련시켜 큰 꿈을 가지라고 그렇게 이름지었다.

지금이야 알게 된 것은 그가 사이판 튀니안의 고독생활을 이기고 고소득 봉급자 부럽지 않은 사업체를 사이판, 괌, 서울 등에 운영하고 있으니 아버지의 꿈이 성취되어 가는 것 같아서 감사하며 앞으로 선한 일을 많이 해서 해외에서나 국내에서나 필요한 인재가 되길 매일 기도한다. 2녀 은주도 지금 미국 워싱톤에서 그 신앙에 변화가 와서 예수님을 만나 열심히 날마다 감사 또 감사하며 교회 일과 아들 양육에 공을 드리고 열심히 영혼 구원하는 일에 전념하니 하나님의 붙드심이 있기를 매일 새벽 기도하고 있다.

목사 안수를 받아야 하는데 타 신학교 출신은 서울감리교 신학대학에서 1년 더 공부를 해야 준회원 허입자격을 준다기에 역시 교통비, 등록금, 기숙사비, 생활비 등 시골 전도사의 봉급으로는 감당키 어려운 일이나 그래도 평생을 목회를 해야 하는데 정회원 목사가 되지 않고는 안 될 것 같아서 제직회에 월요일부터 금요일까지는 서울에서 공부를 하고, 토요일은 와서 목회에 열중하겠다고 했다. 그래서 청원서를 제직회에 제출했으나 비록 시골이지만 그리 작은 교회가 아니라는 자부심에 사로잡힌 교인들의 신앙심을 가지고는 목회가 되겠느냐며 부결되고 말았다.

나는 비상한 결심을 했다. 그렇다면 이 교회를 사면하고 서울 부근 어느 역세권의 작은 교회라도 단임하고 공부하겠다고 의견을 제출했더니 사임한다는 말에 젊은층 성의경 씨가 주동이 되어 교회에서 공부도 시켜 줄 정도인데 그만한 편리도 못봐주면 되겠느냐고 재의결하여 허락되었다.

서울감신대 기숙사에 입사를 하고 어느 중국집에서 점심을 먹으려고 찐빵 두 개를 사서 앞에 놓고 식기도를 하는데 눈물이 핑 돌았다.

아무리 시골교회이지만 그래도 단임자의 대우를 받다가 찐빵 두 개로 끼니를 때우다니…. 그러나 주님 가신 길 좁고 험한 길 나도 따라가야지 생각하며 늦게나마 학창생활이 계속되었다. 기숙사에서 많은 친구도 사귀고, 주고 받는 교훈도 많았으며 학교에서 제대로 된 신학교육을 짧으나마 잘 마쳤다.

떨어진 와이셔츠의 위력

4년 간의 연당교회 봉사를 자칭 성공리에 마치고 홍천군 양덕원 교회로 파송이 되었다. 군 부대도 주둔하고 시가지도 연당보다는 좀 번화했다. 우선 군인가족들의 아이들을 위해서 교회부설 양덕유치원을 개설해서 아내가 원장생활을 하며 목회를 도왔다.

군 주둔지라 군의관인 치과의사 내외가 교회 출석을 하고 있었는데 치아가 나빠서 조세행 군위 치과의사에게 치료를 받았다. 그 의사의 부인도 박영숙 성도로 장로님의 딸로 이화여대 출신이고 봉사도 잘해주었다. 그 의사는 집에서 진료를 하는데 어느 저녁 무렵에 진료를 받으러 갔는데 그날따라 와이셔츠 소매가 좀 떨어진 것을 입고간 모양이다.

그들이 진료를 하면서 떨어진 와이셔츠를 입은 목사를 보고 이 분들도 다 갖출 것을 갖추고 목회를 하는데 오죽하면 떨어진 와이셔츠를 입고 고생할까? 없어서가 아니라 정말 우연인데 그들의 눈에 비친 내 모습이 퍽이나 희생적이고 충성심이 강한 목사로 비추었던 모양이다.

그때에 그의 눈에 비친 내 인상이 후일 내가 서울에 와서 목회하는

▲ 장남 장두연의 어린 시절. 미도파
백화점에서 한달 봉급보다 더
많은 돈을 주고 사 입힌 신사복
을 입고 마음껏 뽐내는 모습

▲ 삼남매의 어린시절

동기가 될 줄을 누가 짐작인들 했겠는가? 추후에 또 얘기하겠지만 서울 모 교회에서 목사후보를 찾는데 이 두 부부가 아주 헌신적이고 희생적인 목사가 있다면서 나를 추천하게 되어 서울에서 성민교회를 개척하게 되었다.

이 양덕원 교회에서 잊어버릴 수 없는 일은 전 목회지 연당교회에서 잔치가 있어 초청을 받아 갔다오는데 아들 두영이가 무엇을 잘 못먹었는지 배가 맹꽁이 배처럼 빵빵해지고 아파서 울었다. 기차역에서 하차하여 아이를 업고 뛰는데 뛰면 뛸수록 아이는 죽는다고 더 울었다.

택시를 잡아타고 병원에 가도 될 만한 그만한 돈은 없지 않았는데 원체 농촌목회에 익숙하다보니 그 생각을 못하고 약 1km 이상의 거리를 뛰다보니 아이에겐 고통이었고 나 또한 사력을 다했기에 몹시 지쳤다.

1963년 이후
이해 안 되는 산 증거
(원천교회의 부흥운동)

춘천 중앙교회에서 지방회를 했는데 정선교회 한 목사의 교통사고 추도예배가 있었다.

예배순서 중 추도사를 내가 맡아했는데 평생을 고생한 목회자의 말년이 너무나 애통스럽기도 했지만 한 목사님의 발자취가 무척 애석해서인지 추도사가 진행되는 동안에 교회 안은 눈물바다로 변했다. 지방회원으로 참석했던 지용근 장로님이 이에 감동이 되었던지 초청을 하여 원천교회로 파송이 되었다.

새롭게 목회설계를 하면서 짧은 6년간의 목회경험을 회상해 볼 때 그래도 성령을 갈망하고 은혜를 갈망하는 분들이 교회봉사에 선봉장이 될 것이라고 생각했다. 이번 원천교회 목회는 좀 신령한 방향으로 성령운동 하는 쪽으로 계획을 세우고, 70문도 전도단을 조직하였다. 나도 실습을 하고 전도 능력이 있으니 기도 운동과 더불어 교회 뒷산에 올라가 붉은기를 세우고 70인 전도단을 전도하기 시작했다. 또한 나는 지방유지 한 사람을 지목해 놓고 기도하며 전도하기 시작했다.

그러던 중 밤이 깊었는데 잠이 잘 오질 않고 뒤척거리는데 그 유지

54

된 사람이 우리 방문 밖에서 서성대고 있었다.

"거 누구요!" 하고 문을 밀치고 열어봐도 아무도 없었다. 다시 누워 잠을 청하는데 천장에 쥐들이 왕래하며 소란을 피우는데 얼마 후에 그 쥐들이 마귀의 형상을 하고 내려와 내 머리를 긴 손톱으로 꽉 쥐는 게 아닌가. 어떻게 된 것인지 머리가 삶은 호박인양 물렁하게 되었는지 그 마귀의 손톱이 온 머리를 움켜쥐고 조이고 있는 것이다.

무섭다 무섭다 호랑이 무섭다 하나 이렇게 무서울 수가 없었다.

이제는 죽었구나하고 놀라 잠자리에서 일어나 미친 사람 모양 벗은 채로 저 마귀 저 마귀 하고 온 방구석을 헤맸다. 잠자다 놀란 아내가 왜 그러느냐고 물으며 만류했으나 오로지 저 마귀 저 마귀 하며 방 구석구석을 헤매었다. 아무리 생각해도 죽을 것 같아서 방을 살피니 앉은 책상 위에 예수님의 사진이 걸려 있었다. 아~ 예수님에게 숨어야겠다 생각하고 그 사진 속으로 들어갔는데 그렇다고 내 육체가 해체가 된 것도 아니고 사진이 파손된 것도 아닌데 신비스럽게도 내가 예수님 속으로 들어가지 않는가? 내가 완전히 예수님 앞에 들어갔다 싶을 때 그렇게 크고 무섭던 마귀는 아주 작게 보잘것없는 존재로 변하였다.

아~ 저 마귀, 내가 저것한테 당했나 손가락질을 하면서 아무것도 아닌게 나를 괴롭혔다 외치며 웃어댔다.

집사람은 더욱 놀라며 왜 이러느냐고 물었으나 나는 조용히 책상 앞에 앉아 연필을 들고 '장태현 목사 거듭났다.'라고 메모지에 적었다. 그때 새벽기도회 종소리가 울렸고 원고없이 나가 간증설교를 하면서부터 교회의 영적 분위기는 확 바뀌었다.

그러던 어느날 지용근 장로님의 부인이 위독하니 심방해 달라는 요청이 왔다. 성경을 들고 심방을 갔더니 나는 평생 그러한 광경은 처음 봤다. 환자가 벌레처럼 엎어졌다 제쳤다 하며 온방을 헤매고 있지 않는가. 예배 드리고 기도하고 할 분위기가 아니다. 안수를 하려고 한 것이 아니고 일단 붙들어야 기도할 것 같아서 따라가서 머리를 붙들고 예수의 이름으로 정말 이성을 잃을 만큼 간절하고 강열하게 기도를 하고 예수의 이름으로 기도했다. 기도를 끝내고 손을 떼는 순간 "아이고 죽을 뻔했네."하며 일어나 앉는 것이 아닌가?

나는 깊은 생각에 잠겼다. 성경찬송을 가슴에 안고 사택으로 올라오면서 아주 깊은 사색에 빠졌다. 어떻게 그런 일이 일어날까. 그분의 믿음인지 도무지 이성으로는 이해되지 않는 현상을 몸소 체험했다. 참으로 이상한 일이다. 그 후 그 집사님의 생활도 변화가 일어났다.

목수인 남편 장로님이 농사일보다 교회 일에 전념하는 것이 못마땅하여 불평하면서 교회에서나 목사에게나 그리 좋은 인상을 주지 못한 삶에서 이제는 우리 목사님은 그 전 목사님과 다르므로 목사님 잘 섬겨야 한다고 집집마다 다니며 간증하고 열심히 전도하는 삶으로 바뀌었다. 그러나 나는 도저히 이해가 안 간다. 어찌 그런 병이 있으며, 그런 기도 응답이 있는가?

그러던 어느날 새벽 설교가 끝나고 강단 위에 올라가 기도를 드리는데 내 옆에 강단 의자에 시커먼 옷을 입은 어떤 분이 기도를 드리고 있지 않는가. 지용근 장로님이 올라와 기도를 하고 있나. 그러나 그분은 겸손한 분인데 강단에 올라와 기도할 리가 없는데 더 이상 참을 수가 없어서 기도를 멈추고 눈을 떠 고개를 들어보니 아무도 없었다. 분명히 누가 기도하고 있었는데 이상했다. 다시 기도를 시작하자 여전히 검은 옷을 입은 누군가가 기도를 하고 있지 않는가?

▲ 원천교회 교우 일동

그러길 3번이나 반복하다가 내 머릿속으로 울려오는 소리가 있어 가라사대 이 믿음이 적은 목사야 성령이 말할 수 없는 탄식으로 기도하고 있지 않느냐?

그때서야 이 믿음이 없는 목사를 용서하여 주옵소서. 병고침이나 내 중생의 체험도 성령님의 역사였구나 생각이 들었다. 그러면서 교회가 부흥이 되는데 초등학교 학생들이 "너 목사님한테 기도 몇 번 받았느냐. 나는 3번이나 안수기도 받았다." 경쟁이 될 만큼 아이들에게 영향을 미치고 서로 경쟁적으로 기도받으려 하니 내가 감당하지 못함을 알고 지용근 장로님이 광고하기를 반달형 강당 앞줄에서만 안수기도 하기로 하고 빈 손으로 오지 말고 제물을 바치고 기도 받으라고 했다. 그러자 시골인지라 새벽에 우리 안방 앞 마루에는 계란, 야채, 호

박, 가지 등 없는 것이 없었고 그 앞줄 자리를 차지하기 위해 일찍 나와야 했고 소변 때문에 자리를 비우면 빼앗길가봐 깡통을 가져와서 소변을 받는 상황까지 이르렀다.

재미있는 것은 집사람이 위장이 나빠 서울에서 늘 약을 사다 먹었는데 자기가 내 아내인 것을 내가 알면 은혜가 안 될까봐 딸을 등에 없고 포내기를 뒤집어 쓰고 안수를 받으러 나왔는데 자리가 없자 성가대석으로 기어올라가 속칭 새치기 안수를 받았다고 한다. 지금까지 위장병이라곤 모르고 산다. 그러던 어느날 군청 서기로 다니는 이봉춘 씨의 동생이 허리를 펴지 못하는 곱사등이로 살고 있는데, 이 사람이 은혜를 받고 예배당에서부터 정문까지 뒹굴면서 왔다갔다 하는 예배를 방해하고 있지 않는가? 가서 붙들고 구부러진 등과 마루 사이에 손을 넣고 한손은 가슴 부위에 얹고 주님의 권능으로 곱사등이에게 기적을 보여주옵소서 하고 기도하는 가운데 내 손에서 능력이 시작하여 곱사등이 척추를 어루만지는데, 아 이게 3,300볼트에 해당하는 전기의 힘과 같은 힘을 느꼈다.

나는 전기에 대해서 잘 알지도 못할 뿐 아니라 안다 하더라도 3,300볼트나 2,200볼트의 위력을 알리가 없는데 분명 느껴지기를 이것이 전기 3,300볼트의 힘이구나라고 느꼈다.

분위기가 이렇게 되니 기도하던 100여 명의 성도들은 예수님의 재림이나 체험한 것처럼 나와 곱사등이 주위를 삥 둘러 서서 '주예수의 강림이 불원하니…' 하고 찬송을 부르자 곱사등이 일어나 덩실덩실 춤을 추니 마치 곧 예수님이 재림하신 것 같은 기쁨이 교회에 충만했다.

이튿날 아침에 군청 소재인 화천에 기자들이 몰려와 회견을 요청했다. 나는 정중히 거절하면서 "그런 기사를 쓰고 싶으면 본인과 인터뷰 해야지 왜 나한테 기사를 달라고 합니까?" 하고 거절했더니 본인에게 물어보니 완전히 펴지지는 않았지만 많이 완화되었다고 면담을 했다고 한다. 이튿날 새벽 화천 군수가 새벽기도회에 왔다.

전기도 없는 동리에 군에서 나온 등유로 불을 밝히고 세탁도 제때 못해 입는 산골여인들이 소리소리질러 기도하고 기뻐 뛰며 춤을 추니 실내 공기는 말할 것도 없었다. 그 분위기를 군수에게 보여주기 싫은 생각이 들어 내 서재로 안내를 했더니 군수님 말하기를 목사님 서재를 구경하러 온 것이 아니라 기자들의 얘기를 듣고 교회 구경하러 왔다며 거절했다. 한시간 참석하여 그 광경을 보고 말하기를 자기는 종교에 대해서 잘 알 수 없으나 분명한 것은 사람의 힘으로는 할 수 없는 일을 보았노라고 했다.

더 분명한 사실은 그 곱사등이 형 이봉춘 씨가 그 후에 군청공무원을 그만두고 성결교 신학교에서 공부하여 성결교의 유명한 부흥사가 되어 활동하고 있다는 사실이다. 뿐만 아니라 내 아내가 자기의 위장병이 나은 것이 너무 고맙고 감사하다며 결혼기념 반지를 팔아 헌금도 내고 화천읍에 가서 고기를 사와 대접도 융숭히 받았다.

이 이야기들은 문학가가 쓴 소설이 아니요, 일방적으로 체험한 주장도 아닌 살아 움직이는 숨길 수 없는 산 증거임을 입증한다.

감히 인간의 지식이나 뇌리로 하나님의 신비를 논한다는 것은 교만이요 무지의 소치다.

내 머리로는 이해가 안 되더라도 하나님의 능력을 믿는 것이 성도의 올바른 태도일 것이다. 그 중에서도 더 신기한 것은 방언, 방서라고 글을 썼는데 어느 나라 글인지는 알 수 없으나 분명한 것은 옆으로나 아래로나 X자로나 어떻게 그렇게 질서가 정연한지 놀라지 않을 수 없어서 그 방서를 서울 감신대 히브리어 어학교수에게 문의를 했더니 알 수 없는 글이라고 판정을 받기도 했다.

남의 집 머슴을 사는 사람들이 우리가 농사에 지장을 주지 않을 테니 주일을 지킬 수 있도록 해달라고 하자 사회적 파장이 일어나는가 하면 내가 손을 들어 축도를 하면 내 뒤에 후광이 떠오른다고 하기도 하고, 헌금이 어찌 그리 많이 들어오는지 내가 손에 쥐고 기도하기를 원하지만 수가 워낙 많아 봉투가 튕겨져 나가면 주어다가 헌금위원들이 내손에 쥐어주는 광경도 있었다. 이 교회에서 일어난 모든 일들은 분명 내 삶속에서 역사하신 하나님의 능력이라 믿고 숨기면 하나님 앞에 큰 죄를 짓는 것 같아서 이 글을 남기고자 한다.

하나님은 우리의 학벌이나 지혜나 이상을 살피시는 분이 아니라 우리의 믿음을 보시는 분이신 것을 독자 여러분들도 이해하기를 바라며 이 대목을 줄인다.

영적 부흥과 동시에 열악한 농촌경제도 병행해야 하기에 춘천 농촌진흥청과 협의하여 지용근 장로와 함께 사슴목장을 발전시키기로 합의하고 사슴을 우선 몇 마리 구입했다. 강원도 화천군 남면 원천리로 산들이 그리 험하지 않고 목초도 풍성하고 사슴 기르기에 적당하다 판단되어 보급하기로 했다. 한 20년 뒤 서울에 KBS 뉴스에서 원천리가 온통 사슴마을이 되었다는 뉴스를 접하자 그때 그 생각과 수고들이 헛되지 않았구나 생각되어 보람을 느꼈다.

1967년 이후
기도는 반드시 이루어진다
(사창리교회 신축 체험)

만물이 소생하는 신춘, 정동감리교회에서 강원도 사내면 사창리 교회로 파송을 받았다.

시무하던 원천교회와 그리 먼 거리는 아니지만 온 가족을 트럭에 태우고 심지어 기르던 파초까지 싣고 태산준령을 넘어 임지에 도착했다.

우선 교회 건물에 무척 실망했다. 피난민들이 사과궤짝 등으로 임시 지은 건물인데 사택과 교회를 붙여 지은 건물이라 엄청 을씨년스러웠다. 전에 시무하던 교회는 비록 농촌교회라 할지라도 장로님이 목수인데다 교세도 그리 약하지 않아 교회와 사택 건물이 제법 반듯하고 깨끗했는데 비해 너무 실망스러웠다. 이튿날 새벽기도회에서 '하나님 왜? 나를 이런 곳으로 보내셨습니까?' 원망어린 기도가 시작되었다. 몇 개월을 계속 기도하던 어느날 그래서 너를 보내지 않았느냐는 음성이 내 가슴을 울렸다.

"하나님! 내가 무엇입니까. 내가 감히 무엇을 어떻게 할 수 있단 말입니까?" 질문형식으로 계속 기도를 드렸더니 그 음성 뒤에는 다른 응답은 없었다. 그러던 어느날 김재순 씨 부인이 이번에 남편이 화천지역에 공천을 받았으니 좀 도와달라는 부탁을 했다. 나는 정치는 잘 모르나 지역주민이고 교회 담임자이니까 간곡히 부탁을 하고 돌아갔다.

이 장면을 우리 교회 청년회장이 멀리서 보고 있다가 나와 그 후보자의 부인이 절친한 관계로 오해를 했는지 이력서를 써 가지고 서울 한전에 취직을 청탁해 왔다. 난처했다. 그러나 신임 교회의 청년회장의 청탁인지라 무시할 수도 없고 해서 그 이력서를 들고 화천읍으로 갔다.

수소문했더니 지금 모 음식점에서 군수부인과 경찰서장 부인이 점심식사를 하고 있다 하여 그 식당을 찾아가 웨이터에게 저 식사하는 부인에게 사창리교회 목사가 찾아왔다고 귀뜸해 달라고 부탁을 했다. 그 웨이터가 가서 귀뜸을 하니까 성격이 좀 급한 분인지 반가워서인지는 잘 모르겠으나 식사하던 수저를 내동댕이치고 황급히 달려 오지 않는가. 그래서 어려운 일이지만 교회 청년회장이 이러이러한 부탁을 하니 좀 부탁드린다고 이야기 하고 왔다.

그리고 며칠 지났는데 새벽기도를 마치고 사택에서 쉬고 있는데 손님이 찾아왔다고 했다. 나가보니 화천 군수가 미국 잉여농산물로 뽑은 국수 한 상자와 그때 처음 나오기 시작한 코카콜라 한 상자씩을 전달해 주면서 큰절을 하고 "목사님 제가 무엇으로 이 교회를 도울 수 있을까요?" 영문을 몰라 얼떨떨하면서도 "정 도와주실 수 있다면 큰 길에서 교회까지 올라오는 길이 얼고 얼음이 깔려서 차나 사람이 왕래하기 불편하니 도로수선을 좀 해주시면 감사하겠습니다."

"예. 해드리지요. 마침 미국 잉여농산물이 나온 것이 있으니 주민들에게 주고 시키면 쉽게 할 수 있습니다. 도와 드리겠습니다." 하고 돌아 갔다.

이상하다. 왜 군수님이 그것도 새벽에 적지 않은 선물과 더불어 길까지 닦아 준다고 할까? 어쨌든 손해보는 거 아니니 감사할 뿐이다.

아니나 다를까 그 이튿날부터 사람들이 까맣게 붙어 도로공사를 하고 있는 것이 아닌가. 도무지 의문이 안 풀리지만 그러려니 생각하고 봄 심방을 하고 있었다.

면 직원들이 황급히 찾아와서 "목사님, 군수님과 사단장님이 모 식당에서 식사중인데 모셔오라고 합니다." 의아해하면서도 면 직원들을 따라 식당에 갔더니 임지순 소장님이 냉면을 드시다가 내가 왔다는 소리를 들으시고 워커화를 신으려는데 빨리 잘 안 신켜지자 신발을 질질끌면서 나와 "제가 27사단 임지순 소장입니다." 하며 거수경례를 하지 않는가. 체격은 아마 코끼리만 하다고 느껴졌고 관등성명을 호칭하면서 경례하는 모습은 흔히 볼 수 있는 광경은 아니었다. "들어가십시다. 마침 우리가 점심으로 냉면을 먹고 있는데 같이 드십시다."

나는 냉면을 먹으면서 짧은 시간이지만 여러 가지 생각이 머리에 스쳐갔다. 일등병 출신인 내게 3성장군이 그것도 입에 냉면을 물은 채 신발도 미처 못신고 관등성명을 호칭하며 거수경례를 받는 장면이 떠올랐다. 도대체 왜 이럴까? 그 힘의 동력이 무엇일까? 누가 3성장군의 마음을 움직여 저리 할까? 이 모두가 하나님의 기이한 도우심이라 믿어진다. 그러나 내심으로는 나도 과거의 일등병이 아니라 이제는 국제신사라는 자부심이 있었다.

비록 외모는 외소하고 봄볕에 탄 얼굴은 초라하나 나는 블루칼라가 아닌 화이트칼라다. 서양에서는 5대 계급을 화이트칼라라 칭하는데, 왕, 교수, 의사, 법관, 성직자들을 말한다. 나도 당당한 목사로서 화

▲ 돈 한 푼 없이 기적같은 은혜로 신축된 사창리교회 헌당식

이트칼라이므로 대면하는데 기죽을 것이 없었다. 무슨 이야기를 하려는가 기대하면서 마음의 각오를 단단히 하였다.

식사가 끝날 무렵 "목사님 제가 무엇을 좀 도와드리면 좋겠습니까?" 옆에서 식사를 같이 하던 군수님이 내가 지금 교회로 올라가는 길을 수리하고 있는데 덤프트럭 한두어 대 지원해 주시면 좋겠다고 말해서 얼핏 내 머릿속에 지나가는 것은, 아니 길은 이미 군수님이 약속한 것이고 사단장님이 도와준다는 것과는 연관시킬 필요가 없다는 생각이 들어 "그것도 좋지만 이왕 도와주실려면 교회나 하나 지어 주시면 좋겠습니다."

"교회요? 아니 나 같은 불신자가 교회를 지어도 됩니까?"라고 하였다.

"아니 예수믿는 사람이 교회를 지어도 복을 받는데 믿지 않는 분이 교회를 지으면 얼마나 더 큰 복을 받겠습니까?" 그러자 식사가 끝내고 사단장님 왈 "제 차를 타십시오. 아니 어디를 가시렵니까? 교회 지을 장소를 가 보십시다." 이게 웬 날벼락 같은 응답인가? 차를 몰고 교회를 올라가는데 공사중이기도 하지만 속은 얼고 겉만 녹아서 차가 헛바퀴만 돌고 올라가지 못하니까 중간에 차를 세우고 교회를 관찰하더니, "예, 교회를 하나 짓기는 지어야 되겠네요. 목사님 보시기에는 사단에 여러 건물들이 지어지니까 사단장 마음대로 짓는 것 같지만 이 건물들은 수요에 의해서 정부 예산으로 지은 건물입니다. 사단장의 재량이 그리 크지 못합니다. 목사님이 터를 장만하시고 재료를 준비하시면 설계, 토목, 건축은 제가 책임지겠습니다." 그때 나는 무엇을 믿고 그랬는지, "아 물론이지요. 터와 자재는 제가 준비하겠습니다. 말씀하신 부분만 해 주셔도 감지덕지할 뿐입니다."

이런 사실을 후보자 부인께 이야기했더니 춘천 모 기관에 부탁하여 시멘트 300포를 얻어 놓았으니 운반해 오라고 하여 사단 수송부에서 트럭을 내어 시멘트를 태산같이 가져다 쌓아 놓았다.

남은 문제는 교회를 지을 터가 문제였다. 하루는 군수님이 9사단에서(일선 지방부대) 시계 청소를 위해 나무를 잘라내는 경우가 있으니 9사단장에게 같이 가서 부탁을 해 보자고 했다. 군수님 차를 타고 9사단장을 방문했더니 강 준장이라는 분이 부대 정문 앞까지 나와 관등성명을 호명하며 경례를 붙이는 것이 아닌가? 나는 일등병에 전역을 한 사람인지라 이런 장군들의 경례를 받아보니 정신이 얼떨떨했다.

공병대장을 불러 필요한 목재를 벌채하려면 병력이 얼마나 필요하며 시간이 얼마나 걸리느냐고 물으니 계산을 하고 난 공병대장은 병력 200명에 2개월이 소요되는데 적정이 불안하여 감당하기 어렵다고 보고했다.

사단장이 "야! 이 사람아 어렵지 않는 일이 어디 있어. 아무리 어려워도 해야 할 일은 해야지." 나중에 안 일이지만 강 사단장을 크리스찬이라고 했다.

자, 이제 거의 준비가 되었으니 어디에다 짓느냐는 터의 문제가 남았다. '시작하신 이가 하나님이신데 마무리도 하나님이 해 주실 줄 믿습니다. 의심하지 않습니다. 터를 주십시오.'

또 어떤 날 군수님에게 전화가 왔다. 사창리 초등학교 부지가 바로 지서 위에 있는데 공원처럼 사용될 뿐 아니라 송덕비도 있고 해서 주민들 사랑을 받고 있고 시가지 중심부에서 조금 높은 곳에 있는데 교육청과 교육감과 의논을 해 보자는 전화였다. 군수님과 같이 교육감에게 부탁을 했더니 한마디로 OK 승낙을 받았다.

이제 대충 준비가 끝났다는 소식을 사단에 전했더니 이튿날 불도저가 나와 터를 밀고 있었다. 공사가 시가지 한복판에서 굉음을 울리며 돌이 굴러내리며 비석도 옮기고 공원이 훼손되는 것을 보고 주민들이 격노해서 특히 야당세가 강한 도시이기에 권력을 이용해서 이런 짓을 한다고 반대여론이 격렬했다. 사단장도 주민 여론이 나쁘면 해소될 때까지 중지할 수밖에 없다며 병력을 철수시켰다. 또한 9사단에서 적들의 동향이 도저히 벌목 작업을 할 수 없는 지경에 이르러 벌목을 할 수 없다는 통보도 왔다. 호사다마 격으로 주민들의 격렬한 반대, 목재 수급의 차질, 자금의 빈약 등 사면초가에 몰렸다.

의지할 이는 오직 하나님! '하나님 주시겠다 하지 않았습니까? 믿음의 기도는 산도 옮긴다는데 왜 내 기도에 응답을 주지 않습니까?'

정말 이러지도 저러지도 못하는 양퇴진로에 놓였다. 그렇다. 세상에 그렇게 쉽게 되는 일이 어디 있으랴. 기도하며 또 기도하고 힘을 얻고 힘을 얻어 연판장을 만들어 시민들의 동의를 받기로 하고 내가 이 교회를 권력을 이용해 짓는다고 하는데, 내가 이 지방에 있으면 얼마나 있겠으며 교회를 지어 내가 등에 지고 갈 것도 아니고, 복음전파와 유치원교육을 통해서 어린이들의 정서교육을 할 터인데 정당이나 정파를 초월해서 동의해 주십사 하고 부탁드렸다. 미친 사람마냥 집집마다 다니면서 동의서에 도장을 한사람 한사람 받고 마지막 제일 어려운 분들에게는 우리 교회 장순흥 권사님에게 약간의 경비를 주어 반대자를 설득해 달라고 부탁하여 수개월이 지나서야 민심이 가라앉자 연판장의 날인이 끝이 나서 사단에 통보하였다. 공사가 다시 시작되었으나 시간이 많이 흘렀고 공병대장의 이동으로 인해 공사가 지연되고 목재 살 자금도 없을 뿐더러 어려움이 많았다.

문득 왜 군수, 사단장, 교육감님들이 그렇게 협조를 해 주셨을까?

나 혼자 추리하건데, '식당에서 같이 식사하던 분들이 한 분은 군수 부인이고 한 분은 경찰서장 부인들이 그날 집에 돌아가서 사창리교회 목사님이 새로 부임했는데 아마 굉장한 분인가봐. 국회 출마한 후보부인이 대하는 것 보니까(그 태도를 봐서) 분명히 대단하신 분이신가봐.'

그렇지 않고서야 먹던 숟가락을 던지고 맨발로 허둥지둥 그렇게 쫓아나가는 것 보니까 관계가 보통이 아니신가봐. 아마 잠자리에서 속삭였으리라 짐작을 해 본다. 내가 굳이 이 글을 남기고 싶은 것은 사도 행전 10장에 베드로의 기도를 들으시고 위성 안테나에서 두 사람에게 무선전화를 하게 하듯 지시하시고 인도하신 그 하나님 분명 내 기도를 들으시고 각 사람의 마음을 움직여 오늘의 결과로 맺어진 것일 것이다.

나는 아무것도 아닌데 내 삶속에서 역사하신 하나님의 역사가 오늘의 결과를 가져왔다고 확신하기에 독자들에게도 기도는 반드시 이루어진다고 말하고 싶다. 기도는 낭비가 없다. 기도는 산을 옮겨 바다에 빠지게도 한다.

성경 말씀을 보고, 배우고 알아서 전하는 설교가 아니라, 내가 친히 체험하고 확신하는 믿음을 소개하는 글이다.

"여러분도 꿈을 가지십시오. 그리고 기도하십시오." 기도는 반드시 이루어진다는 믿음을 가지게 된다면 이 글을 쓰는 수고가 헛되지 않을 것을 믿으며 이만 줄인다.

꿈에도 그리던 서울 입성

화천군 각계 각층의 후원으로 교회가 신축되고 그해 성탄절에 입당 예배를 드렸다. 문짝이 채 제작되지 못해 가마니로 가리고 사택에도 난방시설이 덜 되어 어느 집사님이 연탄난로 하나 보내주었다. 안 쓰던 난로인지라 연탄을 피우니 연기가 나고 잘 피지도 않고 춥기만 하고 이불을 뒤집어 쓰고 앉아 예배를 드리는데 난로를 기증한 집사님이 "사모님 왜 목사님한테 시집을 와서 이 고생입니까?" 하고 질문해서 한바탕 웃기도 했다. 피아노 1대를 사서 고생한 아내에게 선물했더니 피아노가 어떻게 생긴 것이냐고 동리 사람들이 구경을 와서 만져도 보고 누리기도 하니 아니 그렇게 함부로 누르면 큰일난다고 만류하던 시절이 강원도 산골마을의 풍경이었다. 모처럼 미완성이나마 교회도 짓고, 사택도 짓고, 악기도 구입하고 비교적 안정이 되어 가던 어느날 서울에서 연락이 왔다.

서대문 남가좌동 신흥교회에 내분이 생겨 장로님 세 분과 권사 두 명 등 합해서 한 20명이 장로님댁에서 예배를 드리고 있는데 목사님을 초빙해야 한다고 하면서 여러 의견 중 옛날 떨어진 와이셔츠 건으로 친근해진 조세행 치과의사가 박 장로님의 사위인데 내가 강원도에서 군생활할 때 섬기던 목사님이 계신데 떨어진 와이셔츠를 입어가며 아주 헌신적이고 희생적인 목사님인지라 그분이 오시면 좋겠다고 추천을 하여 나를 초빙하기로 의결이 되어서 일차 상경해 달라는 서신이 왔다. 자녀교육 등 여러 가지 여건상 서울을 열망하던 차제에 반가운 소식이 아닐 수 없었다. 이제는 아들은 서울대학, 딸은 이화여대를 가겠구나 생각하니 가슴이 뛰었다.

　서울에만 가면 무조건 아이들이 서울대, 이화여대로 가는 줄만 알고있던 시대였다. 교회제직회에 이 사실을 알리고 양해를 구했더니 아직 미완성된 교회를 두고 서울로 간다면 목사도 아니라고 반발이 심하고 아내도 모처럼 안정되어 가는데 모든 것을 팽개치고 서울로 가는 건 결코 아니라고 반대를 했다. 모두 다 일리는 있는 말이지만 모처럼 찾아온 이 행운을 포기할 수는 없었다. 교회는 장순흥 권사에게 부탁해 젊은 목사가 날개를 피고 큰 물에서 한 번 목회해 볼 수 있는 기회이니 교인들을 좀 설득해 달라고 부탁을 하고, 아내에게는 서울로 가는 것은 추후로 생각하고 봄도 왔고 고생도 많이 했으니 바람도 쐴겸 서울구경이나 한 번 가자고 설득했다. 당시 박 장로님댁에서 모이는 교회를 심방했다. 이 소식을 들은 교회에서는 쌀을 한 가마 사다놓고 아내를 설득하는데 우리 굶으면 사모님도 굶고 우리 먹으면 사모님도 드실터인데 왜 주저하느냐고 온 교인들이 설득했다. 13년 강원도 생활에서 시장 같은 시장 한 번 못가본 아내가 모래내 시장에 가서 반찬도 사고, 옷가지도 사면서 마음이 좀 누그러지는 걸 보고 부임하기로 마음먹고 돌아와서 새로 부임한 나히필 사단장님에게 이야기 했더니 축하한다며 군트럭을 한 대를 내주어 이삿짐을 싣고 상경

했다.

참으로 고마운 분들이었다. 그 중에서도 고마운 생각을 하니 17연대 김득모 연대장(당시 대령)님으로 군인교회를 안 가고 우리 교회를 출석하며 군 전화도 놓아주었고, 김계원 참모총장도 풍기 출신이니 한 번 방문하자기에 상경하여 육본에 들렀더니 마침 부재중이어서 대면치 못했고 후일 진급하여 장성이 되면서 서울에 있는 여군사령관으로 발령이 난 뒤 나에게 지프차도 내주는 등 여러 가지로 지원해 준 고마운 분들에게 진정으로 감사드린다.

드디어 김현수 권사님의 유치원 건물에서 성민교회라는 간판을 걸고 목회가 시작되었다. 한 일 년 목회했더니 교인 수가 80여 명으로 집회되는 교회로 성장하였다. 그때 마침 교파싸움이 심할 때인데 동부연회 소속 목사가 서울서부연회에 뿌리를 내리기가 여간 어렵지 않고 분리되어 나온 교회라 교회 내분도 심상치 않아 목회 일 년만에 계획도 없이 사표를 제출하고 말았다. 집도 절도 없는 형편이 되었다. 물론 생계대책도 없다. 아이들을 변두리에 보내기 싫어서 충정로 친척집에 입적시켜 공주와 두영이는 서대문 초등학교, 은주는 미동초등학교를 다니게 했지만 별 대책이 없었다.

어느 가정에 월 10만 원을 주기로 하고 별채를 세 얻어 우선 호구지책으로 아내가 어린 아이들에게 피아노를 교습하여 생계비를 꾸려갔다. 막연한 상태에서 늘 기도하던 중 신문을 보니 서울시에서 윤락 여성 3,000명을 수용하여 기술을 가르치는 행복원을 짓는데 행정과 교육은 서울시가, 사람을 만드는 일은 교회가 맡아서 해주어야 하는데 마땅한 목사님을 찾는다는 기사가 실렸다. 눈이 번쩍 띄었다. 사람이 죽으란 법은 없구나. 이렇게 막막하고 답답한 이때에 하나님이 문을 열어 주시는구나. 신문을 손에 들고 시장을 찾아갔다. 사연을 얘기하며 시장의 면회를 요청했으나 허사였다. 도무지 시장의 면회가 허락되지 않았다. 사연을 이야기해도 막무가내다. 그러나 나로서는 놓칠 수 없는 기회다. 그 이튿날 또 갔다. 허사였다. 그 이튿날도 또 갔다. 여전히 허사였다. 그러기를 17회째 이르렀다. 나중에는 화가 나서 거의 이성을 잃어버린 상태에서 소리를 질렀다. 무슨 시장이 시민이 17번을 찾아왔는데도 대면할 수가 없단 말인가. 민주주의 국가에서 시민을 이렇게 우롱해도 되느냐고 소리를 고래고래 질렀다. 안에서 직무를 보던 어떤 사람이 "손님 왜 이러십니까? 여기에서 이렇게 소란을 피우면 제재를 받습니다. 왜 이러십니까?"라고 하자 신문을 펼쳐 보이면서 사연을 이야기했더니 "아 예~ 그 신문은 내가 기안해서 발표한 내용입니다. 내가 박순원 계획관리관 실장인데 만날 수 있는 방법을 가르쳐 드릴테니 그렇게 해 보십시오. 여기서 이런다고 되는 것이 아닙니다. 시장님이 출근 전에 요 앞에 서울호텔에서 커피를 한 잔 드시고 출근하시는데 그 레스토랑에서 미리 기다리시다가 시장님이 들어오시거든 무조건 가서 앉아 인터뷰를 요청하십시오."라고 가르쳐 주었다.

이튿날 새벽 일찍이 호텔에 가서 기다리니 조용하던 호텔이 왁자지껄하면서 비서들이 문을 여니 시장님이 테이블에 가 앉으시는데 이미 김현옥 시장석이라는 명패가 테이블 위에 놓여 있었다. 무조건 가서 넙죽 앉았다. 그랬더니 시장님이 놀라서 "누구요. 어, 누구요." 하며 놀라서 물었다. 그때서야 신문을 내놓으며 "나는 목사인데 이 신문을 보고 시장님을 만나기를 원했으나 도무지 못 만나서 실례를 무릅쓰고 여기까지 왔습니다. 아 ~ 그러십니까? 그러면 오전 11시 30분에 내

방으로 오십시오. 아닙니다. 제가 17번을 찾아갔으나 못 뵈었습니다. 그랬더니 옆에 있는 비서에게 이분 오전 11시 30분에 내 방으로 모셔. 이젠 되었습니까? 예 알겠습니다. 그럼 11시 30분에 뵙겠습니다." 약속을 하고 나와보니 얼마나 다급하게 호텔로 갔던지 넥타이를 잊어버리고 매지 않고 있는 사실을 발견하고 넥타이 하나 사맬 지갑 사정이 못되 시내에 있는 아는 목사님을 찾아 사정 이야기를 하고 빌려서 매고 11시 30분에 시장실 앞에 갔더니 시장실로 인도하는 것이 아니라 국장급 이상 점심을 먹는 식당으로 안내를 받았는데, 시장석 바로 옆에 내빈석이라고 명패가 있어 앉았는데 식사는 전복 한 마리와 기타 반찬이 준비되었는데 퍽이나 인상적이었다.

시장이 들어오셔서 인사를 시키고 그 자리에서 식사를 하면서 옛날 자기가 육군대령 시절에 성탄절이면 술을 먹고 새벽송을 부르는 대원들의 뒤를 따르던 이야기로부터 나를 의식하였는지 금년에 시청옥상에다 크리스마스 트리를 화려하게 만들고 영락교회의 협조를 받아 수백 명의 성가대로 하여금 성탄송을 부르도록 하라고 지시했다고 했다. 식사시간인데도 해당 국장들은 열심히 메모하는 것을 보았는데, 이것이 동기가 되어 시청광장에 성탄 트리가 세워지기 시작한 것으로 나는 알고 있다.

식사가 끝나자 벌떡 일어서더니 그냥 어디론가 달아나지 않는가. 뛰어가서 시장님 아까 이야기하던 행복원 건을 좀 이야기하고 싶다고 했더니 "어이 차 부시장이 목사님 모시고 시립행복원 건에 대해서 상세히 설명하고 협조를 받으시오." 그 뒤에 안 일이나 차 부시장은 순복음교회 장로님이어서 친절하게 자세히 설명을 해주었다.

그 뒤에 여러 차례 만나면서 행복원에 3,000명을 동시에 수용할 수 있는 교회를 짓기로 하고 시비로만 지으면 후에 발언권이 약화될까봐 내가 시멘트 3,000포를 기증하겠노라 약속하고 나에 대한 대우는 시립 병원원장 대우를 하기로 약속하고 시 조례를 만들기로 합의했다.

그 뒤 나는 영락교회, 충현교회를 위시하여 서울시내에 있는 교회들을 방문하여 이 사실을 알리고 협조를 부탁했는데 예상 외로 그리 어렵지 않게 시멘트가 모아졌다.

그 와중에 신당동에 있는 신일교회를 방문했더니 현성초 목사님이 시무하고 있지 않는가? 아는 처지여서 직접 행복원 건축현장까지 방문하면서 협조해 주셨고, 신일교회가 교단에 소속 안 된 교회가 되어서 교역자 구하기가 어려운데 시목으로 시무하더라도 금요일 대학부를 한 파트 맡아달라 부탁하기에 흔쾌히 승낙하고 시무하기 시작하였다.

드디어 행복원 건축이 끝나고 개원식을 거행하려고 콩나물 시루같은 시내 버스를 타고 아현동을 막 지나려는데 버스에서 라디오가 방송이 나오는데, 내용인즉 와우APT가 무너졌다는 뉴스였다. 안 된 일이나 나와 직접적인 관계가 없으니 무심히 듣고 행복원에 도착하여 개소식을 진행했다. 그런데 문제가 생겼다. 와우APT 붕괴 사고의 책임을 지고 김현옥 시장이 퇴진하고 양 모시장이 부임했다. 김현옥 시장 당시의 계약은 파기되고 겨우 촉탁으로 시무하게 되었다. 예우도 촉탁의 예우가 끝이다. 그런데 신일교회에서 나와 상의도 없이 교육목사로 드디어 부목사로 발령을 내렸다. 딱히 마땅한 일터도 없던 때인지라 겸직을 하게 되었다.

시장직을 사임한 김현옥 시장은 국회에 출마를 해서 선거운동을 하는데 지역구는 서대문구였다. 하루는 서울호텔에서 좀 만났으면 좋겠다는 소식을 박순원 전 관리관 실장을 통해 전해왔다. 면담내용은 종

▲ 천신만고 끝에 새 집을 지은 남가좌동 우리 집

▲ 명동피아노 콩클을 마치고

▲ 연주회를 마치고 홀가분한 기분으로

교계에는 도무지 불모지이니 목사님께서 좀 수고해 달라는 부탁을 하면서 성냥곽 하나를 들고 엎어 놓고 "오늘의 서울이 이렇습니다. 옆으로 세워 놓으니 이것이 내가 건설하려는 것이고요? 세워놓으니 이것이 미래의 서울이 되어야 한다고 합니다." 세번째 만나서 대화를 했지만 아주 지혜롭고 적절하게 시각에 호소하며 자기의 포부를 잘 표현하는 것을 보고 역시 인물은 인물이다라고 생각하며 몇 군데 전 박순원 기획관리관 실장과 방문했으나 무슨 성과가 있었다고는 생각되지 않았다.

신일교회는 서울 장안에 열 손 안에 들만치 튼튼한 교회이며 복음을 잘 받아들여 설교가 은혜스럽다고 모두가 환영 일색이다.

유상근 통일원 장관이나 김성은 국방장관, 경성방직 회장댁, 김재순 국회의장 등 쟁쟁한 인물들이 모이는 교회인가 하면 금호동, 옥수동 매봉산 꼭대기에 서민들로 합쳐진 교회인데 섬기는데 재미가 있고 또 인정도 해주었다.

메시지가 너무 좋다고 kbs 간부의 딸이 졸라 신년 1월 1일 전국에 설교도 했고 명지대 전문대에도 또 안병일 장로의 직장예배, 교육심방 심지어는 하루에 30여 가정을 심방하기도 했다. 처음엔 모두 감사헌금을 하더니 내가 멀리 출퇴근하며 산꼭대기까지 열심히 심방하는 것을 보고 구역장들이 의논해서 교통비로 쓰라고 거의 매가정으로부터 지원받기도 했다. 그때 가난한 집에 가면 쌀도 한 가마씩 사주기도 하고 구제도 게을리하지 않았다.

아내는 아내대로 열심히 피아노 교습을 하여 전공이 아닌데도 연대음대교수나 기타 대학교수들의 레슨을 받으며 피나는 노력을 한 결과 문하생들이 서울음대, 경희음대 등 여러 명을 진학시키기도 했다. 자

▲ 아들의 연신원 졸업식

기도 배워 가면서 열심히 노력한 결과로 허름한 집을 한 채 사고 거기에서 또 제대로 된 집으로 옮겨 갔고 국민은행 적금을 들어 집을 한 채 지었다. 반지하 위에 생활관을 짓고 지하는 피아노 교실로 꾸며 열심히 살았다.

한 번은 내 생일이라고 교인들이 몰려와 잔치를 준비하는데 통일원 장관으로 있던 유산근 장로님과 그 부인 이명자 권사가 와서 부엌에서 요리를 도와주고 심지어 설거지까지 도와주는 것을 보고 역시 그리스도의 사랑이 위대하구나 느꼈다. 그리고 또 심방 도중 어느 가정에 가서 "금년에 소원이 무엇입니까?" 했더니 아들을 낳는 일이라고 해서 그러면 내가 시키는대로 하겠느냐고 물으니 그리 하겠다하여 "사무엘서 1장을 천독을 하시고 기도하십시오. 내가 확신있게 전하는 것은 야곱의 외삼촌네 가정에서 일할 때 얼룩진 양은 자기 것, 그냥 양은 외삼촌 것이라는 허락을 받고 양떼를 나뭇잎이 무성한 그늘 아래 키워 모든 양떼를 얼룩무늬가 되었다는 성경을 믿고 바라고 참고 두드리면 이루어지듯 하나의 수태를 믿고 기도하면 이루어집니다." 그 후 얼마가 지나 가정예배 초청이 와서 갔더니 득남을 했다는 것이다. 감사예배와 더불어 후한 대접을 받은 적이 있다. 그러던 어느날 현성초 목사님이 도미하시고 임시 당회장직을 계승해서 열심히 섬기는데 당회장을 결정해야겠다는 교회 요청에 당회와 남전도회에서는 순서를 보나 서열을 봐서 장 목사님으로 정하는 것이 옳다고 원칙론을 주장하고 청년회와 여전도회 등은 이광선 목사님을 선호해서 교회가 어려움을 겪으니 내가 8년간이나 이 교회 잘되게 해달라고 기도했는데 인사문제 때문에 어지러워진다면 안 될 것 같아 내가 강남에 가서 개척을 하겠다고 했더니

- 김성은 장로님은 내게 전관대리에 땅이 있는데 팔면 목사님 교회 하나 못 지어드리겠습니까?
- 안병일 장로는 목사님 대지지만 준비하시면 1층은 내가 짓겠습니다. 유상근 장로님을 위해서 기도하겠습니다.
- 이광선 목사도 내가 한 500만 원 협조하겠으니 YMCA 지하다방에서 만납시다. 여러 장로님들과 성도들이 지원하겠다 약속하기에 내가 사표를 내고 말았다.

◀ 신일교회 지강단에서

▶ 신일교회에서 우리 가족 특별 찬양

▲ 외손녀의 이화여자대학교 졸업식 기념

▲ 전재현 장군 취임 기념

1974년 이후
거짓말도 활용하시는 하나님

　연당교회 유상열 권사님의 아들 유재만 권사가 강남에서 부동산을 한다는 소식을 듣고 땅을 물색하던 중 강남구 신사동 280-1에 네모 반듯한 시 채비지를 매입하기로 하고 지원하겠다는 분들을 호텔로 모아 이런 대지가 있는데 계약을 해도 되는지 물었더니 모두 반가워하면서 계약을 하라는 것이다. 집사람이 딸 시집 보낼 때 쓰려고 모아둔 돈 300만 원을 주고 우선 계약을 했다.

　그런데 이게 웬일인가? 계약하는 그날부터 땅값이 오르는데 하루이틀에 몇 갑절씩 오르고 있었다. 중도금 치를 날짜가 되었는데 약속한 사람들이 묵묵부답이었다. 땅을 지금이라도 팔면 돈이 많이 남으니 팔아버릴까? 하는 유혹이 들었으나 하나님한테 교회 짓게 땅 달라고 한 기도가 가로막았다.

　남가좌동에 있는 집, 경기도 용인시 양지에 있는 땅을 담보로 은행에서 대출받아 중도금은 그럭저럭 되었다. 남은 문제는 잔금인데 아내에게 레슨을 받는 신준혁 군의 어머니가 하루는 찾아와서 목사님 강남에 땅을 산다는 얘기를 들었는데 돈이 모자르지는 않는지 묻길래

▲ 박세환 장군 부대 위문

그렇지 않아도 700만 원 정도 부족해서 걱정이라 했더니 통장을 주면서 이 통장에서 찾아 잔금을 치르라 하지 않는가. 하늘이 무너져도 솟아날 구멍이 있다더니 이것이 웬 행운인가?

즉시 통장을 가지고 대연각 빌딩을 향했는데 통장을 보니 꽤 많은 돈이 예금되어 있어 전화를 걸어 사실은 더 많이 필요한데 너무 많이 요구하면 안 될까봐 700만 원만 얘기했지만 좀더 찾아쓰면 안 될까? 물었더니 목사님 소견대로 찾아 사용하라는 것이다. 아~하나님 감사합니다.

물론 은행보다 더 유리한 이자를 내야겠지만 땅값 상승에 비하면 무이자로 빌려준거나 다름이 없고 땅값이 많이 상승한 지금 이 돈이 아니었으면 공든 탑이 무너질 지경인데 하나님이 그 엄마의 마음을 움직여 자발적으로 돈을 빌려준 것이야말로 정말 하나님의 도우심으

▲ 강남지방에서 강남동 지방 분리 예배

▶ 강남동지방 감리사
　이·취임 예배

로 알고 역시 하나님은 삶속에 깊이 관여하고 계시는구나.

천신만고 끝에 대지 200평은 구입했으나 교회를 세울 여력이 없었다. 시당국에서는 개발을 추진하려고 나대지의 공한지세를 높여 건축을 독촉하였으나 방법이 없었다. 임시 거처로 건물에 한 20여 명 모였는데 교우들의 힘으론 상상도 못할 상황이었다.

그러던 어느날 웬 권사님이라는 분이 찾아와서, 대강 목사님의 처지를 알고 왔는데 자기가 자금을 빌려 건축하고 1, 2층은 동업으로 유치원을 경영하고 3층은 교회를 지어 헌납하겠노라고 제의해 왔다. 나에겐 정말 구세주 같은 분이며 좋은 소식이 아닐 수 없었다. 흔쾌히

◀ 집 거실에서

▼ 아내의 모범가정 주부상을 타고

승낙하고 건축설계도와 건축업체도 다 준비하고 그 권사님이 건축업자와는 지하층의 콘크리트가 완성되는 날 대금을 지불하겠다는 계약이 성립되었다.

　드디어 열망하던 건축이 시작되었다. 이웃주민들의 방해도 많이 받았으나 관철하고 지하공사가 끝나고 대금을 지불하는 날이 왔는데 이 권사님이 자취를 감추고 말았다. 내용인즉은 설계도도 외상으로 하고 소개비만 챙기고 건설업자들한테도 공사를 맡겨준 대가만 미리 받고 행방을 감추고 말았던 것이다.

　세상에 이렇게 난감할 수도 있는가? 업자들은 그리 질이 좋지 않은

어느 교우네 집에 심방갔다가 ▶

▼ 캐나다 토론토의 어느 고성

▲ 성민유치원 야유회(창덕궁)　　　▲ 성민유치원 생일잔치

사람들이어서 계약자가 아닌 나에게 책임을 묻고 공사비를 요구하니 난들 어쩔 도리가 없었다.

술을 먹고 우리집을 점령하고 난동을 부리며 목사 도둑놈이라고 동네 사람들에게 소리소리 지르며 대금받을 때까지 난동 부리기를 계속하겠다는 것이다.

경위야 어떻게 되었던간에 견디다 못해 남가좌동에 살고 있는 집문서를 내주어 맘대로 처분해서 사용하라고 하였으나 은행에 저당된 집이라 융자나 매매가 되지 않는다고 다시 행패를 부렸다. 하는 수 없이 양지의 땅문서를 주었더니 역시 같은 이유로 처분이 안 되어 압구정동 교회터라도 달라기에 견디다 못해 땅문서를 주고 말았다. 공교롭게도 시 채비지가 되어 융자도 안 될뿐 아니라 건축 대지를 누가 사려 들지도 않으니 그 마저도 그들이 어찌할 수 없었다.

나는 이 난동을 겪으면서 하나님이 지키시면 머리털 하나라도 건드리지 못하는구나. 나중에는 예배시간에 교회까지 쳐들어와서 강단에

86

▲ 성민유치원 원장 공준선(4학급 160명)　　▲ 성민유치원 하계 수련회

설교자인 나를 끌어내리려고 했는데 내게 그런 힘이 어디서 생겼는지 깡패출신인 자들을 밀어 붙였더니 그들이 쓰러지고는 다시는 시비를 더 걸지 못했다.

　그러기를 얼마나 계속하던 중 아내의 동창 모 여사가 이혼을 하고 위자료를 한 2억 원 받았는데 어디에 투자를 해야 안정된 생활을 할까하는 분이 있어 유치원에 투자하고 유치원을 경영하면 안정된 생활을 할 수 있을 것이라고 권하여 그 2억 원을 투자받아 대충 청산하고 나머지 공사는 자영으로 완공하였다.

　지하 1층, 지상 3층 도합 240평을 완공하고 입당예배를 드리게 되었는데 전에 약속했던 장로님들이 다 오셔서 참석을 하고 순서도 맡아 진행하는데 강단에 선 내가 얼마나 열이 나는지 장관, 총장, 회장 등 점잖은 사람들에게 해서는 안 될 말을 했다. 여기 앉아 계신분들 모두 거짓말쟁이라고…. 그러나 하나님은 그 거짓말을 이용하셔서 오늘 입당예배를 드리게 되었다고 설명했다.

◀ 싱가폴 식물원에서

▼ 서재에서

▲ 감리사 동역자들 동남아 여행

▲ 맏손주 장이래 장춘고등학교 졸업 기념

▲ 막내 딸 연주회를 마치고

▲ 맏손주의 멋스러운 모습

▲ 아들 연신원 졸업 기념

손자 손녀 사이판
여행 시 호텔 풀장에서

그 후 유치원도 4학급 240명이 되고 교회도 그런대로 안정이 되어 갔다. 유치원 원생들과 대형버스로 창덕궁 덕수궁에 봄소풍도 다녀왔다. 옛날 나를 아는 사람들은 시골에서 상경하여 성공했다고들 이야기하고 신일교회에서도 칭찬이 자자했다.

문제는 교회건물이 재단법인에 등기를 하지 못하고 사유물이라는 점과 그것이나마 내 개인의 것이 아니라 동업자의 돈 2억 원이 투자된 것이 암이었다. 그러나 그런 깊은 사정을 잘 모르는 사람들은 압구정동 한복판 로데오거리에 버젓한 건물에서 목회하는 나를 부러움의 대상으로 여기기도 했다.

입당예배에 참석한
신일교인들

▲ 입당 예배 시 축사하고 있는 유상근 장로님(명지대 총장, 통일원 장관)

▲ 압구정교회 한양아파트 앞 버스 승차대를 지어 바친 우리 교회 성도들과 함께

▲ 압구정동 교회 신축기공 예배

▲ 압구정동 교회 전경

─────────── 사회 : 장 태 현 목사 ─┘

묵 도 ···	다 같 이
예 배 의 부름 ············· 합 2 : 20, 시 24 : 3-4·················	사 회 자
신 앙 고 백 ···	다 같 이
찬 송 ······································173장··	다 같 이
성 시 교 독 ··	장 태 현 목사

목사 : 하나님이 참으로 사람과 함께 땅에 거하시리까?

교우 : 하늘과 하늘들의 하늘이라도 주를 용납지 못하겠거든 하물며 내가 건축한 이 전이오리이까?

목사 : 그러나 나의 하나님 여화와여 종의 기도와 간구를 돌아보시며 종이 주의 앞에서 부르짖음과 비는 기도를 들으시옵소서.

교우 : 주께서 전에 말씀하시기를 내 이름을 거기 두리라 하신 곳 이 전을 향하여 주의 눈이 주야로 보옵시며

목사 : 종이 이 곳을 향하여 비는 기도를 들으시옵소서

교우 : 종과 주의 백성 이스라엘이 이 곳을 향하여 기도할 때에

목사 : 주는 그 간구함을 들으시되 주의 계신곳 하늘에서 들으시고

교우 : 들으사 사하여 주옵소서. ―아멘―

기 도 ·····································신일교회(전국방장관)	김 성 은 장로
성 경 ··· 왕상 8:20-21, 27-31···독립문교회(성복 성구사 사장)	박 세 영 장로
특 별 찬 송 ···	청 년 회 원 들
오늘의말씀 ···················· **솔로몬과 헌당기도** 영주교회 당회장	최 중 해 목사
기 도 ···	최 중 해 목사
찬 송 ·································200장·································	다 같 이
내 빈 축 사 ·····························명지대학교회(전통일원 장관)	유 상 근 장로
헌 금 ·······················교회를 위하여······················	위 원 들
기 도 ···	사 회 자
감사패증정 ············· 박세영 장로, 안병일 장로················	사 회 자
경 과 보 고 ···	사 회 자
광 고 ···	김 덕 윤 장로
축 영 ·································580장·································	다 같 이
축 도 ··· 평양노회 노회장	박 근 영 목사

때 : 1980년 12월 14일 15시
곳 : 서울특별시 강남구 압구정동 827-1 전화 : 555-8726

제 1110041549 호

호국영웅기장증

성   명   장태현
소속및계급   육군 일병
생 년 월 일   1930. 6. 22

「6·25전쟁 정전60주년 기념 호국영웅기장 수여규칙」
제4조에 따라 위와 같이 6·25전쟁 정전60주년 기념
호국영웅기장을 수여합니다.

2013년 11월 21일

국가보훈처장

1982년 이후
와룡선생 상경기

그러던 어느날 아내에게 6개월 밖에 살 수 없다는 유방암 진단이 내려졌다. 어깨에 임파선 18개를 조직검사한 결과 9개가 이미 감염이 된 상태였다. 유치원 경영도 문제지만 44세의 중년이 되어 이제 한참 일할 나이에 너무나도 가혹한 시련이었다.

6개월 남은 삶을 어떻게 보내야 할까? 남가좌동 집을 팔아 아내에게 1,000만 원, 내가 1,000만 원을 가지고 캐나다, 미 대륙, 남미까지 남은 6개월 간 죽기 전에 실컷 여행이나 시키기로 했다.

나는 미국비자가 나왔는데 아내는 부부 성직자라 가면 돌아 오지 않는다는 이유로 비자가 나오지 않았다. 아내는 그 사실을 알고 그날 밤 이불을 싸가지고 교회로 갔다. 한 번 취소된 비자가 기도한다고 되겠느냐고 나는 만류하였으나 막무가내로 교회에 가서 철야기도를 했다. 다음날 영사관에 가서 내가 한국에 재산이 이렇게 많고 유치원 원장직을 가진 사람으로 선진교육을 받아 나라에 기여코자 하는데 왜 비자를 주지 않느냐고 항의했더니 이게 웬일인가? 영사가 비자에 도장을 꽝 찍더니 "다녀오십시오." 하고 복수비자를 주는 것이다. 기도

◀ 제주 신라호텔에서 아내 70세 기념 여행 시 찍은 사진

▲ 압구정동 유치원 마당에서 누님들과 찍은 사진

를 말렸던 내가 부끄러울 정도로 신기하기도 하고 놀랍기도 하고 감사하기도 했다.

1978년도 그때는 자유여행은 물론 안 될 때이고 목사 부부가 함께 비자를 받는 일은 꿈도 못 꿀 때였다. 왜냐하면 한참 목사들이 미국 바람이 불어서 미국으로 심지어 불법체류를 해가면서까지 이민하던 때인지라 그러했다. 참으로 신기한 일이었다. 국제 성직자 연맹에 가입했더니 노스웨스트 비행사에서 50% 할인해 주면서 미국에서 자유롭게 사용할 수 있는 티켓 7장을 주면서 쓰다가 모자라면 더 신청하던 시대였다. 영어도 모르고 여행도 그리 많이 안 해본 첫 여행인지라 여러 가지 웃지 못할 에피소드도 많았다.

▲ LA에서 아내와 함께

LA공항에 도착하여 택시를 타고 코리아타운까지 가서 어느 호텔에 들었다. 이튿날 쇼핑을 나갔는데 그때만 해도 우리나라에서는 구경도 못하던 질 좋은 상품들이 많았다. 내일 죽을 사람이 어찌 그리 욕심이 많은지 보는 대로 아낌없이 다 샀다. 얼마나 샀는지 이민가방으로 석자루 가득 찼다.

좌우지간 돈 쓰는 일에 간섭하지 않기로 하고 생의 마지막에 돈 아끼지 말고 실컷 쓰라고 했다. 그때 돈 1,000만 원이면 꽤 큰 돈이었다. 미국에 알아보니 국내패스는 본토 내에만 사용되지 본토 외에 하와이나 알래스카 같은 데에서는 안 된다고 해서 LA왔다가 하와이를 들러가야지 하는 생각이 들었기에 하와이왕복권을 구매하여 하와이 칼호텔을 찾았다.

입실수속을 하는데 웬 신사가 와서 내가 칼직원인데 이것으로 입실하면 많이 싸니까 사용하라는 것이다. 그 가족 카드 가지고는 일반 객실은 확인이 안 되고 크고 고급스러운 방에만 해당된다고 하여 그 신사 때문에 작은 방값으로 크고 호화로운 방에 투숙하게 되었다. 우선 하와이를 일주하는 리무진을 섭외해서 진주만, 국립묘지 기타 유명한 곳들을 둘러보며 구경을 했다. 퍽 인상에 남은 것은 윈드서핑을 타는 젊은이들과 파인애플 농장의 규모에 놀랐다. 그 이튿날 시내와 민속촌인 와이키키 해변을 관광하고 저 미국 남부에 있는 마이애미로 향했다. 왜냐하면 마이애미 장로교회에 김강홍 장로가 마이애미 장로교회에서 집회를 해 달라는 부탁을 받았기 때문에 어떤 관광보다 집회부터 해야 했기에 마이애미부터 가기로 했다. 재미있는 것은 하와이에서 LA까지 LA에서 미니아폴리스, 미니아폴리스에서 마이애미로 미국의 끝에서 끝까지 계속해서 비행을 하니 너무 지루하기도 하고 피곤해서 빨리 도착하기를 기다렸다.

아니나 다를까 비행기가 굉음을 내며 선회하기에 창밖으로 내다보니 말로만 듣던 플로리다 반도가 내려다보이고 악어가 득실거린다는 습지대가 내려다보였다. 비행기가 착륙하였다. 지루하던 차라 빠르게 내려서 짐 찾는 곳부터 갔는데 아무리 기다려도 내 짐이 나오지를 않았다. 누구한테 좀 물어보려고 두리번거리는데 멕시코 계통의 까무잡잡하게 생긴 청년이 좀 만만해서 "유-마이 빽 해부노"라고 했더니 알아들을 수 없는 발음으로 "털켓 유 털켓" 하면서 손을 내밀었다. 야~ 이녀석 참 멍청하네. 내 빽이 없다는데 뭐 덜컥덜컥 소리만 하나. 답답한 표정을 지었더니 이 청년이 내손을 붙잡고 어떤 백인 할아버지 역무원에게 인도했다. 그 할아버지가 "유-티켓 해부예스?" 아 ~ 내 티켓을 보자는구나 하고 보여 주었더니 할아버지 당황하며 여직원들에게 폰을 하라고 명령하고 내 손목을 잡고 오던 길로 다시 가고 있었다. 가보니 내가 타고 온 비행기에 여승무원들이 두 줄로 서서 '아이엠 쏘리, 아이엠 쏘리"를 반복하면서 허리를 굽혀 절을 했다.

나중에 안 일이지만 이 비행장이 마이애미가 아니고 중간에 들렀다가는 디즈니월드에 있는 비행장이었다. 나 때문에 비행기가 무려 10여 분이나 연착되는 소동이 벌어졌다. 나는 이러한 일을 겪으면서 와룡선생 상경기가 생각이 났다.

마이애미 공항에 도착하니 김강홍 장로가 맞이해 주었다. 리무진 자동차로 잘 닦아진 도로를 주행해 보는 것도 상쾌한 일이었다. 도착한 자택은 마이애미 동쪽에 70개의 섬을 다리로 연결하여 개발한 지역이었고 요소요소마다 미국인 경비를 세웠다.

집에 도착하니 거의 벽면은 유리로 장식이 되어 있어 자칫하면 부딪칠 위험마저 있는 화려한 저택이었으며 앞마당에는 풀장이 있고 그 끝에 해로가 연결되어 요트가 놓여 있었다.

그때만해도 우리나라의 사정과는 비교가 안 될 정도로 마치 천국에 와 있는 것 같은 느낌을 느꼈다. 그는 시내에 외과병원을 운영하고 있는데 겨울에 북쪽에 있는 워싱턴, 뉴욕, 보스턴 등 각지의 사업가들 및 재벌들이 철새마냥 남쪽 플로리다주로 날아와서 요양도 하고 병도 고치고 하는 바람에 병원 운영이 잘 된다는 것이다. 거기다가 아내는 대학병원 강의를 나가다보니 생활이 무척 윤택하게 보였다. 의사에다 교회장로요, 한인회 회장직까지 맡아본다니 한국인으로서는 비교적 출세한 가정이었다.

교회에서는 특별집회가 시작되었는데 주제는 데살로니가 전서를 배경으로 재림론을 강의했는데 미국사회에서 재림론이 거의 전파되지 않는 부분이어서 무척 은혜가 된다고들 했으며 대표적인 설교는 별지 설교 모음에 기록할까 한다. 은혜롭게 집회가 끝나는 날 밤 9시, 김 장로는 쿠바를 견제하기 위해 미공군이 주둔하고 있는 지역이 있는데 거의 우리 여성 동포들이 한국에서 맺은 인연도 있고 기타 여러 사정으로 꽤 많이 모여 살고 있다고 말했다. 어떤 여인은 이혼을 당하기도 하고, 인종 차별에 기타 경제적 이유 때문에 아주 고독하고 어려운 삶을 살고 있는데 미국의 소리 방송에 닭울음 소리로 유명한 황재경 목사님의 아들장로가 그무렵 그 구역 담당이라면서 한국에서 목사님이 오셔서 집회를 한다는 소식을 듣고 학수고대하고 기다리니 아무리 피곤하더라도 찾아가서 위로집회를 해주어야 한다면서 마이애미에서 4시간 거리에 떨어져 있는 그곳을 황 장로님의 인도로 달려갔다.

밤 1시가 거의 다 되었는데도 다함께 모여 기도하며 기다리고 있었다. 마치 친부모를 맞이하듯 얼싸안고 몸을 비벼대며 환영해주었다. 밤 1시가 지났는데도 집회를 인도하고 하나님의 보호와 사랑을 설교했더니 온통 눈물바다가 되다시피 은혜스러웠다.

이튿날 쉴새도 없이 마이애미로 돌아오다 페른파크를 들러 가지각색 새들의 쇼를 관람하고 귀가하였다. 김 장로는 이곳까지 왔으면 디즈니월드를 보고 가야 한다면서 자기와 아내는 시간이 없으니 새벽버스정류장까지만 안내해 주어서 아내와 둘이서 관광을 했다. 우선 방대한 크기에 놀랐으며 전 세계의 축소판이고 심해 탐방 등 LA에 있는 디즈니랜드는 비교가 안 될 정도로 공원을 두루 관광했는데 워낙 넓은 지역이다보니 호텔에서 며칠 묵어야 될 상황이었지만 오후 늦게 귀가하였다.

다음 행선지는 보스턴 하버드 대학인데 우리 교회 권사님의 딸이 음악박사 과정을 수학하

▲ 하버드대 교회 앞에서

▲ 미국 국립공원 크래크파크에서

고 있어서 공항에 나와 맞으라는 전화를 하고 보스턴행 비행기에 몸
을 실었다.

　그녀는 공항에서 어느 호텔로 데려다주고 공부에 바빠서 다시 돌아
갔다. 호텔방이 너무 무료해서 보스턴 관광을 포기하고 캐나다로 갈
생각을 하고 캐나다행을 알아보려고 어느 한국여행사에 전화를 했더
니 "아니 왜 관광을 포기하고 가시렵니까?" 택시를 타고 우리 가게를
오시면 일정이 끝나는 대로 모시고 자기네 집으로 가겠다고 해서 가
보니 여행사겸 가발을 판매하는 점포였다. 퇴근시간을 기다리는데 마
침 오늘 구역회 날이니 구역회를 좀 인도해 달라는 부탁을 받았다.

　저녁에 도착한 구역회 장소는 주한미군에 영양공급 도우미 일을 하는
가정이었다. 구역회에는 10여 명이 모였는데 특별한 것은 모이는 집에
서 밥을 하고 기타 반찬이나 요리는 구역장의 지시에 따라 한 가정에서
1가지씩 만들어 와서 구역회가 끝난 뒤 만찬을 한다는 것이다.

거기에는 서울대학에서 교환교수로 와 있는 교우도 있어 한국 사정을 잘 알고, 압구정동 그 동네에 자기도 좀 살았으나 터가 너무 비싸서 딴 곳으로 이사를 했노라고 이야기도 하며 화기애애한 시간을 보냈다. 취침시간이 다가오자 "목사님 가기는 어딜 가십니까? 저의집으로 모시겠습니다. 지나가는 나그네를 대접해도 복을 받는데 한국에서 여기까지 오신 목사님을 저희가 모시는 것은 큰 행운이요, 영광입니다." 하면서 응접실에 소파를 어떻게 만지니 좋은 침대가 되었다. 지금은 다 보편적이나 그때만 해도 신기하기만 했다.

주일이 왔다. 마침 성서주일이라 하버드대학 교회에서 합동 예배를 드리는데 지성인들이라 냉랭할 줄 알았는데 예배 분위기가 무척 뜨거웠으며, 예배가 끝나자 로비에서 서로 손을 붙들고 기도해 주는데 눈에는 닭똥같은 눈물을 흘리면서 뜨겁게 기도들 하고 있었다. 대충 내용인즉 인생의 반평생을 오직 공부에만 전념하여 학위를 취득하였으나 한국 대학에 초청도 못받고 미국 대학들의 인종차별로 일자리 구하기도 어렵고, 고향에 있는 부모친척 동료들에게 면목이 없어 가지

▶ 캐나다 럭키 어느
호수 앞에서 큰
딸과 함께

103

▲ 토론토 고성 앞에서 김사만
장로님과 함께

도 못하고 벽에 부딪친 것처럼 절박한 사정들이었다. 붙들고 기도해 주던 어느 여학생이 나를 보고 "한국에서 오신 목사님이십니까? 오늘 제가 점심을 대접하고 학교를 구경시켜 드리겠습니다."라고 자청하여 자기 기숙사로 안내했다.

초등학교 교실만한 기숙사방에는 책으로 가득하고 모퉁이에 침대가 놓여 있고 식사는 학교 공동식당에서 식사를 한다면서 "조금 기다리십시오. 제가 가서 점심을 만들어 오겠습니다." 밥을 먹으면서 인사를 나누니 한국재벌 대성연탄집 딸인데 신학박사 학위를 위해 공부하고 있다면서 졸업을 하면 문경탄광지대를 학원화하여 한국에 하버드를 짓겠다고 소신을 말하며 학교를 관람시켜 주었다.

우선 도서관에 가보니 10만 권의 책이 진열되어 있는데, 전 세계에서 제일 큰 도서관이라고 안내해 주었으며 박물관에 가니 놀랍게도 일개 사립학교에 중국 황실의 보화들이 진열되어 있었고 공룡의 화석들이 진열되어 있었는데 생전 처음 보는 큰 것을 보고 신기하기도 했다.

처음 미국여행에 아무 대책도 없이 어느 가이드가 인도한들 이렇게 구석구석 관광을 할 수 있을까? 생각하며 말도 한 마디 통하지 않은 미국에 감히 두려움 없이 구석구석을 여행하며 그때마다 도우심의 기적들을 생각하니 이 또한 작은 신음에도 응답하시고 작은 출입에도 동행하시겠다 약속하신 하나님!! 내 삶속에서 역사하신 하나님께 다시 한 번 새롭게 찬양을 드렸다. 일주일간의 보스턴 관광을 마치고 신일교회에서 토론토로 이민가신 김사만 장로님에게 연락을 하고 캐나다 비자를 준비하는데, 지금은 이름은 잊었지만 보스턴 주제 한인목사님의 도움으로 비자가 발급받았다.

드디어 토론토 비행장에 내리자 김 장로님이 맞이해 주었다. 너무 반가워서 막 뛰어와 얼싸안고 볼을 비비며 눈물겹도록 기쁘게 맞이해 주었다.

그것도 그럴것이 함경도에서 남하하여 수학선생으로 생계를 꾸려 가시다가 기장계통인 즉 캐나다 이민길이 열렸는데 재정보증을 서줄 사람이 없어 걱정하는 것을 보고 내가 남가좌동에 주택이 한 채 있으니 재정보증을 서 주겠다 자청하여 이민에 성공한 분이기에 더 더욱 반가운 처지였다.

주택에 방을 한 칸 내주어 토론토 투어에 나섰는데 미국하고 경계선에 있는 호수라든가 토론토 대학, 토론토 타워 등 바쁜 한 주일의 관광을 마쳤다. 그때만 해도 모든 것이 신기하기만 했다. 주택 실내에는 세척기가 있는가 하면 듣도보도 못한 가구들이 눈을 휘둥그레지게 했다.

다음에는 뉴욕을 방문하려고 김성남 뉴욕주재 목사님에게 밤늦게 전화를 했으나 연결이 되지 않아 무작정 케네디공항으로 날아갔다. 생소한 곳이라 어디를 가야 할지 모르나 국제 성직자연맹에서 발행해준 안내문을 따라 쉐라톤호텔로 가기로 하고 택시를 타고 택시기사에게 부탁을 했다. 그러자 그런 호텔이 없다는 것이었다. 할 수 없이 안내문을 보여주었더니 "아~쉘라턴? 아이 씨" 그러면서 승차케 했다.

◀ 시내산 정상에서
찍은 황야

해가 넘어가는 석양에 처음 택시 안에서 뉴욕시를 바라보니 아~ 소
리가 저절로 나왔다. 가보니 단독 호텔이 아니라 쉐라톤 센터인데 하
늘을 찌르는 마천루가 밀집되어 있으며 전세계 각처에서 모여든 여행
객들이 북새통을 이루고 있었다.

하차하여 짐을 옮겨준 흑인에게 팁을 주고 방을 달라 요청했으나
만원이라 방이 없다는 것이다. 이거 큰일 아닌가. 해는 저물고 있는
데 아는 곳이란 이곳밖에 없어서 막막하기가 짝이 없었다. 아는 사람
이라고는 조금 전 짐을 옮겨준 흑인 한 사람밖에 없는데 안 되겠다 싶
었다. 그 흑인을 찾아가서 "룸 해부노?" 이거 큰일났다고 표현을 했
더니 손목을 잡고 측면에 있는 창구에 가서 무슨 얘기를 주고 받으니
"OK 컴 히어" 하고 불러서 가보니 방을 하나주겠다는 것이다.

얼마냐고 물었더니 이틀밤에 240달러를 요구했다. 너무 비싼 것 같
아서 성직자 연맹에서 발행해 준 책자를 내보이면서 "마이 패스톨 ~
와이 ~다까이" 하고 항의를 했더니 그래도 알아듣고 "짜스민?" 하고

▶ 나이아가라 폭포에서
   아내와 함께

서류를 들고 어디론가 가서 의논하고 와서 하루에 80달러씩 160달러를 요청했다. 말도 통하지 않는 뉴욕 한복판에서 호텔비 80달러를 깎고나니 무슨 큰 일을 한 것 같은 자부심이 생겼다. 엘리베이터를 타니 고속인지라 소리가 제트기 날아가는 소리같이 나더니 순식간에 24층에 도달해 호실을 찾아 짐을 풀었다. 아내는 더 이상 움직일 수 없다고 쓰러져 누워있고 호텔방에 혼자 앉아 있으니 내가 이럴려고 수만리 하늘을 날아 이곳까지 왔는가?

혼자서라도 시내 구경을 해야겠다는 생각에 뉴욕이 험하다는 소식은 듣고 있던터라 100달러짜리 한 장을 티셔츠에 넣고 그래도 동서남북이라도 알아야 될 것 같아 수십층 옥상에 올라가서 지형정찰을 좀하고 나가려고 옥상에 올라 밖으로 나가는 문을 열려고 하는 찰라 호텔에서 야단이 났다. 비상벨이 웽웽 울리고 비상등에 불이 번쩍이고 야단법석이었다. 놀란 토끼모양 놀라기도 했고 누가 보면 창피하기도 해서 걸음아 나 살려라 하고 달려가 엘리베이터를 타고 내 방에 들어

와서 이불을 뒤집어 쓰고 안정을 취하며 누가 찾아오나 경계도 했다. 하지만 조용했다. 다시 용기를 내서 시내에 나갔는데 세상에서 보지 못했던 진풍경이 벌어졌다.

거기가 도심이어서 그런지 흑인들이 판을 치고 아무렇게나 용변을 보아 악취가 코를 찌르고 어둠컴컴해서 누가 금방이라도 해를 끼칠 것 같아 다시 호텔로 들어와 침대에 누워 곰곰히 생각해보니 와룡선생의 상경기가 생각났다. 어쩌자고 말도 안 통하는 주제에 세계의 도시 뉴욕 한복판을 찾아 왔는가?

아침 일찍 일어나 뉴욕시 지도를 보니 바둑판 같이 잘 정돈되어서 안내원 없이 나서도 능히 관광을 할 수 있을 것 같아서 일단 나가서 엠파이어 스테이트 빌딩 전망대도 구경을 하고 기념메달도 하나 사서 아내의 목에 걸어주었다.

밖에 나와 조금 걸으니 어떤 건물 앞에 약 200미터는 족히 될 사람들이 줄을 서 있지 않는가? 무슨 사연인지는 모르나 일단 우리도 한 번 서 보자 하여 줄을 섰더니 10시가 되자 문이 열리고 사람들이 우르르 들어가 2층으로 올라갔다. 우리도 따라 올라가 보니 유럽산 캐시미어 제품을 할인하고 있었다. 얼른 보니 가격도 무척 싸 보였다.

욕심이 지나쳐 이것저것 한아름 골라서 안고 계산대에 갔더니 의외로 비싸서 우리 입을 것 한 장씩만 사고 말았다. 그날 호텔로 돌아오니 아내의 병세가 심상치 않았다. 여독에다 과로를 했는지 열이 나고 아프다 하여 이러다가 객지에서 6개월은커녕 먼저 일을 당하진 않나 싶어 워싱턴 여행을 취소하고 귀향길이 가까운 시애틀행 비행기에 몸을 실었다. 역시 저녁도 못먹고 호텔에 누워 있는데 나는 오랫동안 밥을 못먹어 밥 생각이 나서 밥집을 찾아나섰다. 아무리 살펴도 밥집을 찾지 못하다가 어느 가게의 간판을 보니 소머리와 뿔이 그려져 있는 것을 보고 아마 소머리 국밥집인가 해서 들어갔다. 손짓발짓하며 라이스를 요청해도 통하지 않고 아무거라도 달라고 했더니 한아름 됨직한 피자를 가지고 왔다. 8쪽이 되는 대형 피자라 한조각 먹고 이것을 어떻게 해야 하는지 생각하며 살펴보니 미국사람들도 다 못먹고 포장해서 가져가기에 나도 포장을 부탁하고 콜라를 사서 들고 호텔로 돌아와 아내의 저녁끼니를 준비했다.

피자의 밑바닥을 왼손으로 받쳐들고 오른손으로 대형 콜라를 들고 가는데 북쪽지방 10월 기후는 꽤 쌀쌀한데 바람까지 부니 오른손의 피자는 뜨거워서 손바닥이 뜨겁고 왼손의 콜라는 얼음을 섞은지라 손이 시리지만 그렇다고 내려 놓을 수도 없고 해서 참으며 호텔까지 오면서 역시 '와룡선생 상경기'가 생각나자 혼자 쓴웃음을 지었다.

며칠간의 씨애틀 관광을 마치고 LA행 비행기에 몸을 실었다. 한국을 떠날 때 롯데백화점의 아는 사장님이 혹 남미까지 가시게 되면 멕시코 오팔을 좀 사오면 여비는 떨어질 것이라는 정보를 주었다. 물론 그때 여행 자유화가 되기 전이니까 그럼직도 했다. LA에 있는 신일교회 장로님을 만나 그 분과 멕시코 티니안을 향했다.

국경을 넘자마자 천국에서 지옥으로 온 것 같은 풍경을 느꼈다. 참 이상하다. 똑같은 하늘이요, 똑같은 태평양 연안이며 똑같은 사막인데 왜 이런 차이가 날까? 역사 환경이나 자연보다 사람이구나~. 미국이 흑백분쟁, 빈부격차 등의 문제가 많지만 전세계에서 모여든 두뇌들인 하버드라는 쌍아탑이 그 모든 어려움을 녹여가며 국력을 키워나가는데 비해 같은 조건 하에 있는 멕시코는 그런 인재가 없어서…. 우리나라 교회도 너무 교회 중심으로 교인 양성에만 치중하지 말고 전인교육을 하여 세계적 시야를 가지고 매진하여 인재들을 양육해야 하겠다라는 생각을 했다.

점심시간이 되어 식당에 들어가 식사를 주문했더니 이상한 향료 냄새 때문에 도저히 먹을 수가 없었다. 과일이라도 사서 요기를 할까 하고 인근 노점상 과일 가게를 찾았더니 파리가 새까맣게 앉아 과일즙을 빨아 먹는 것을 보니 과일도 먹을 생각이 없어졌다. 오팔을 찾아 이곳 저곳을 둘러봤으나 옛날 이야기지 지금은 다 채굴해서 오팔광산에 생산이 안 된다고 했다.

거리에서 기념사진이나 한 장 찍으려고 물어 보았더니 1달러이라 하여 사진을 찍고 1불을 지불했더니 세 사람이니까 3달러을 달라고 떼를 쓰는것 아닌가. 부당하다고 맞섰더니 이곳 저곳에서 깡패같은 사람들이 몰려오는 통에 3달러를 주고 돌아섰다.

그후 LA호텔에서 어떤 사람에게 그런 얘기를 했더니 자기가 오팔을 소개해 주겠노라 하자 어떤 여인이 오팔을 한줌 가져왔다. 6개인가 7개쯤 되는데 모두 합해 70만 원이라고 해서 샀다.

▲ 멕시코 티니안에서 장로님과 찍은 사진

보석에는 문외한이지만 그리 고급스러운 것으로 보이지 않았다. 한국에 와서 보였더니 오팔이 32캐럿짜리는 너무 커서 한국 사람들의 체형에 맞지 않고 다른 것들도 빛이 거의 선명하지 않아 상품가치가 거의 없다는 것이다. 그러면 32캐럿짜리를 그저 집사람이 낄테니 세팅을 부탁했는데 며칠 후 700만 원에 살 사람이 있으니 팔라고 연락이 와서 팔기로 했고 그 외의 것도 사려는 사람이 있어서 적지 않은 수입이 됐다.

그 와중에 아내의 병세는 호전되는 것 같아서 돈도 있고 하니까 유럽을 한번 더 여행하기로 했다. 평생 처음하는 유럽여행이라 참으로 신기하기도 하고 특히 런던이나 파리 같은 곳은 많은 인상을 남겨주었다.

20여 일간의 여행을 마치고 귀가하니 아내의 병세는 6개월이 다 되어가는데도 죽기는커녕 많이 호전된 것 같아서 아마 여행을 통하여 쓰고 싶은 것 마음대로 실컷 쓰고 보고 싶은 것 마음대로 보면서 병세가 호전되었는가 싶어서 유럽여행을 또 한 번 하고 왔는데도 죽지 않았다.

김광연 강북삼성병원장은 외과에서 원장으로 승진하면서 자기가 고친 것이 아니며 목사님의 기도로 호전되었는지 하나님이 살려주셨는지 모르나 분명히 자기가 고친 것이 아니라고 하면서 병원에 원목실을 신설할 테니 와서 간증설교를 해서 절망에 빠져있는 환자들에게 복음을 전해 달라고 부탁할 뿐 아니라 아내에게도 와서 간증해 달라고 했다. 불교신자인 원장님이 자주 부탁하는 것을 보면서, 아~하나님이 나의 편이시고 내 삶속에서 강하게 역사하시는구나~. 고백하지 않을 수가 없으며 긴 투병생활에도 불구하고 큰딸과 사위가 병원비를 감당하면서 많은 도움을 준 것도 다 하나님의 은혜로 고백하며 감사를 드린다.

1989년 이후
오금동 하나교회 신축

  압구정동 교회를 개척한지 약 7년이 지나고 교회 성장기가 되었는데
도 그리 부흥되지 않았다. 이웃 광림교회와 소망교회의 위세에 눌릴 뿐
아니라 개인 자금이 투입되어 설립된 교회라는 약점 등과 투자하였던
이 여사가 미국으로 이민을 가야 했기 때문에 투자금을 돌려 달라는 성
화 등 여러 가지 복합적인 문제로 압구정 건물을 당시 액수로 8억 원에
팔고 투자한 분에게 3억 5천만 원을 주고 나머지 4억 5천만 원을 가지
고 88올림픽을 대비하여 신축중인 올림픽APT 후문에 대지를 사고 하
나교회를 신축했다. 물론 자금이 좀 부족하기는 했으나 별 어려움 없이
지하 1층, 지상 3층, 총 360평 건물을 신축했다.
  88올림픽에 입주 예정이었으나 공기가 늦어져서 1989년에야 입당 예
배를 드리게 되었는데 유상근 장로님(통일원장관), 김찬국 목사님(연세대
학 부총장) 등 입당예배 순서를 맡아 은혜롭게 입당예배가 끝나고 본격
적으로 목회를 시작했는데 입주시기를 놓쳐서 그랬는지 속히 부흥이 되
지 않아 고전을 했다. 지금도 기억에 새로운 것은 강남에 비해 열악한
환경 때문인지 교역자들 해외여행 한 번 못하고 고생하는 것을 보고 동

남아 5개국 여행을 위해 모금에 나섰다. 선교부 총무로서 지방 임원들 되는 유력 인사들에게 호소하며 약 1,000여만 원 기금을 준비했다. 모 목사님에게서 전화가 왔는데 남의 교회 목사님이 남의 교회 교인들에 게서 모금을 했으니 이전보다 덜 존경하고 싶다고 언짢은 소리를 했다. 듣고보니 그럴듯하기도 했으나 돌려 생각하면 지방선교부 총무가 지방 임원들에게 지방사업 협조금을 좀 받은 것인 만큼 그리 가책은 받지 않 았다.

50명이 5개국 순방을 하다보니 잡음도 많았고 애로도 없잖아 있었으 나 지금도 기억에 남는 것은 유 목사님과 박관수 목사님이 내가 너무 수고가 많고 고생을 하는 것 같아서 조그만한 선물이라도 하고 싶다고 강력히 주장해 태국 골동품 상가에서 상아도장 재료와 두개의 촛대를 선물 받았는데, 지금도 소유하고 있고 은혜를 원수로 갚는 각박한 세상 에서 수고를 인정해 주는 마음이 고마워서 지금도 장식장 위에 놓고 볼 때마다 그분들의 선행에 감사하고 있다.

회갑연

평소에 일가친척들에게 너무나 베푼 것이 없고 친지들에게 받기만 했 던 것 같아서 회갑을 기점으로 하여 일가친척들에게 옷 한 벌씩 해주고 친구들도 대접하고 싶어 회갑연을 열기로 했다. 교회에서 가까워 결혼 이나 피로연 등 자주 사용하던 신라호텔에서 하고자 했으나 회갑연 같 은 것은 하지 않는다고 해서 아름아름 줄을 대어 허락을 받았다.

전 국방장관 김성은 장로를 위시하여 귀빈들도 시간을 내어 많이 참 석해 주었고 일가친척은 물론 KBS의 희극배우도 3명이나 참석해서 꽤 화려한 연회가 진행되었다.

▲ 회갑연에 참석한 김성은 장로님과 찍은 사진(전 국방부장관)

▲ 아들, 딸과 축하 케익을 자르며

▲ 연세대 부총장 겸 상지대 총장 김찬국 목사님과 함께

▲ KBS 연예인(이웃집 황교장의 아들)

▲ 아들이 내빈들께 인사하는 장면

▲ 임마누엘교회 김국도 목사님과

▲ 김승호 감독, 오영근 목사, 한진찬 목사, 오봉근 목사 등 동역 친구들

▲ 오붓한 우리 가족들

▼ 큰딸 공주네 가정

▲ 손자 손녀들과 함께

▼ 알뜰한 우리 자녀 3남매

아들은 회갑연 기념으로 일본 미쯔비시에서 출고된 그랜저 한 대를 뽑아 회갑연이 끝나자 기증해 주어 귀갓길에 좋은 차를 타고 귀가하기도 했다.

물론 경비도 적지 않게 들었지만 인생의 고비마다 한 번씩 남을 만한 매듭을 맺는 것도 무척 의미가 있다고 생각이 든다.

그러자 사이판에 있는 아들이 둘째 손자 호연이를 출산했다고 돌잔치를 한다하여 대구 매형 내외, 여동생 내외, 김명기 동서 내외 등의 경비를 부담하고 초청해 그랜드 호텔에서 아주 성대하게 베풀었던 일도 다 하나님의 축복이라 생각한다. 감히 내 형편에 둘째 손자를 얻는 것도 기쁘고 감사한 일인데 이만큼이라도 베풀 수 있다는 것은 크신 하나님의 은혜라 생각된다. 이 또한 하나님이 내 삶속에서 역사한 한 부분이라 생각이 된다.

또 한 가지 기억에 남는 것은 설악파크 호텔을 빌려서 지방교역자 수

▲ 사이판에서 둘째 손자 돐잔치

119

▶ 국회의원 황병태
　의원과 함께

▼ 회갑연 때 내빈께
　감사의 인사

련회를 개최한 일이다. 빌라나 그 외 허름한 곳에서 해도 되는데 왜 호텔이냐고 반대하는 의견도 있었으나 적어도 목사님들의 수련회이고 고생하는 젊은 교역자들을 생각할 때 좀 무리를 해서라도 위로해 주고 싶고 알찬 수련회가 되기 위해서라도 좀 좋은 환경에서 개최하고 싶어 부족한 예산을 무릅쓰고 강행했다. 지금 생각해도 내용이나 분위기를 봐서 잘 치러졌다고 생각이 되어 보람을 느낀다. 그때 한 설교를 별지 설교난에 첨부할까 한다.

그러다가 감리사 선거에서 피택되어 송파지방 감리사가 되면서 고생하는 젊은 목사님들에 새바람을 불어주고 싶어 1억 원의 기금을 모금하여 평생 처음 유럽여행과 성지순례를 해보는 분들에게 기회를 제공했다.

당시 시내산 산봉우리에 설교와 예배를 인도하며 먹을 것을 제대로 못먹고 볼 것을 제대로 보지 못하고 조그만 골방 교회에서 울며 기도하는 목사님들을 위해 기도하다가 감정을 억제하지 못해 뜨거운 눈물의 흘린 것이 기억난다.

모세에게는 십계명을 받은 장소이지만 나에겐 뜨거운 눈물로 사랑을 전해 보는 행운의 장소이기도 했다.

드디어 모두를 이끌고 마침내 갈릴리에 도착했다. 처음에는 유대인들의 상술에 놀랐지만 안내인은 50여 명을 인솔한 우리에게 한 50평이 넘는 큰 방에 마실 포도주와 기타 운전기사나 비서가 사용할 방까지 붙어 있는 방을 주었다. 난생 처음 호강을 해 보았다. 그 이튿날 호텔 공지에서 갈릴리 호수에 피어 오른 물안개가 바라보며 새벽기도회를 인도하는데 설교하고 있는 내 옆에 물이 뚝뚝 흐르는 옷을 입은 예수님이 서 계시지 않는가? 지금도 도저히 이해가 안 된다. 물론 꿈은 아니고 그렇다

오금동 하나교회 신축 및 교역자들

고 환상도 아니다. 너무나 생생하다. 그렇다고 실제라고 하기에도 터무니없다. 서 계신 예수님의 옷자락에서 물방울이 뚝뚝 떨어지는 것을 분명히 느꼈다. 설교할 때도 여러 번 간증을 했으나 지금까지도 풀리지 않는 수수께끼다. 잊어버려야지 생각하면서도 내 뇌리 속에서 사라지지가 않는다. 너무나 생생한 모습이었기 때문이다.

도대체 내가 뭔데 이렇게 현현해 주실까? 받은 은혜가 너무 큰데 비해 한 일이 없는 것 같아서 도덕 재무장 캠페인을 벌이기로 했다. 오랜 기도 끝에 김홍도 목사님을 강사로 초빙하고 올림픽공원 역도경기장을 빌려 날로 쇠퇴해져 가는 도덕을 재무장코자 했다. KBS에서 기자가 왔다. 취재하고자 한다해서 내 생각에는 아주 잘 된 일이라 생각했다. 당시 감리사인 박기창 목사님과 강사이신 김홍도 목사님을 모시고 대담 형식으로 방송을 하면 효과가 극대화되고 대회도 더 무게있게 진행되겠다싶어 방송국 측과 협의하였으나 방송국 사정이 그렇지 못하니 나

▲ 송파지방 감리사 취임예배 기념

◀ 송파지방회 의장직을 진행하고 있는 장면

를 단독 인터뷰식으로 초대한다고 해서 하는 수 없이 단독으로 출연하여 방송하게 되었다. 김홍도 강사님과 박기창 감리사에게 무척 미안한 마음이 있었으나 방송국의 요구가 그러니 할 수 없었다. 대회가 끝나자 시가행진을 했는데 비를 맞으며 도덕 재무장을 위해 두 주먹을 뻗으며 외쳤다. '하나님 이 땅에 도덕이 재무장되게 하여 주옵소서. 우리의 몸부림이 헛된 것이 되지 않도록 도와주옵소서.'

그리고 얼마 후에 동남아 기독교대회가 있어 참석했는데 우리 한국교회는 규모가 크고 새벽기도회도 많이 모이고 왕성하다는 소문이 퍼져 있었다. 그래서 한국교회가 기금 헌납 등 좀 많이 협조할 것을 요구받았는데, 우리 교회 측은 손을 내저으며 한국교회는 전쟁을 치르고 경제적 어려움이 있어서 그리 많은 헌금을 감당할 수 없다고 했다. 한국교회는 분명 교인 양성에는 성공하였으나 전인교육에는 실패한 교회라 생각하고 마음과 머리에서 맴도는 신앙생활이 아니라 손과 발로 이어지는 교회로 발전해야 한다고 말하고 인터뷰를 마쳤다.

재판이 아닌 개판 법정투쟁

다른 화제로 돌려보겠다. 무슨 그리 험한 말을 글에 쓰느냐고 할 사람도 많으리라 생각되나 그런 말을 쓰지 않을 수 없는 사회상을 고발하기 위해서라노 그렇게 써야 하겠다고 생각하고 그대로 써 본다.

아들이 해외에서 사업을 하다 받을 돈을 못받은 게 있는데 내가 민형 사상의 책임을 진다는 각서를 쓰면 돈을 받을 수 있다고 하여 각서에 서명날인을 해 주었다. 그것이 화근이 되어 재판에 회부되었는데 그래도 나는 강원도에서부터 인연이 있는 부장판사를 지낸 ○○○ 변호사를 선임해서 판결 결과 시효가 지난 사건이어서 공소권이 없다는 판결에 1심에 승소를 했다.

승소를 했으니 안심하고 무대응하고 있는데 어느날 갑자기 재심에서 패소가 되었는데 이유인즉 시효가 지났으니 다시 재계약을 했기 때문에 유효하다는 패소판결이 나왔는데 판결 이틀 후에 경매가 들어왔다. 그동안 신인배 씨라는 분이 우리 변호사를 자주 만나는 낌새를 느꼈으나 교회의 장로이자 과거의 인연이라든지 모든 것을 종합해 볼 때 안심하고 맡겼는데 의외의 결과에 당황하여 변호사를 찾아갔지만 지방 줄장 간다는 핑계를 대고 만나기를 피하고 있었다. 벌써 경매가 진행되고 있었으나 나는 다시 3심에 상소하기로 하고 이 변호사라는 사람에게 수임료를 주며 부탁을 하였으나 자기는 3심에 상고하는 일을 맡지 않겠다고 하여 돈 1,000만 원을 버리는 마음으로 패소해도 좋으니 수임하라고 돈을 던지고 나왔다.

도대체 말이 안 된다. 재계약을 했다니, 아들은 폭행을 당해 이틀간 병원에 입원했다가 해외로 나가고 없는데 누구하고 어디서 재계약을 했단 말인가? 변호사는 왜 재판과정을 살피며 예방하지 못했나? 왜 도망다니며 피하는가? 출입국 관리실에 가면 본인이 출국증명서가 나오는데 이렇게 확실한 증거가 있는데 왜 이틀만에 경매가 진행되는가? 그래도 법관이라면 고등교육을 받고 고시에 합격한 사회지도급 인사들이 아닌가? 아무리 돈도 좋고 이익을 보는 일도 중요하지만 세상에 이런 재판이 어디 있는가? 나는 빌딩을 잃었지만 그 변호사는 그 후에 부인을 잃었다는 소식을 듣고 하나님은 살아계시다 분명히 살피시고 심판하시는 하나님, 나는 약 30억 원 되는 빌딩을 경매당했으나 지금은 그 이상의 재물로 보상해 주시며 재판이 아닌 개판에 가담한 사람들에게는 하나님이 갚으셔서 천하보다 귀한 부인을 잃게 하고, 명예를 잃고, 양심에 병들고 사회정의에 반하는 인간쓰레기가 되고 말았으니 참으로 하나님 곧 살아계셔서 불꽃같은 눈동자로

◀ 아내의 모범 가정주부상 수상

125

살피시며 심판하고야 마시는 하나님!

독자 여러분 억울한 일을 당하셨습니까? 하나님께 맡기세요. 불의의 재판에 손해를 본 나는 지금 물심양면으로 부족함이 없습니다. 하나님은 살아계십니다.

어느날 상동교회에서 성가지휘를 하던 황기택 씨가 미국에서 목사 안수를 받고 목사가 되었는데 회갑이 되어 회갑연을 인터콘티넨탈호텔에서 베푸는데 자녀들의 교회목사님을 설교자로 모시고자 하였으나 황 목사님께서 "아니다. 장태현 목사가 해야 한다."라고 주장하여 설교하게 되었다. 그 분도 미국 시애틀에서 내노라하는 목사님인데 굳이 회갑설교에 나를 지명하여 부탁한 것은 나로서는 기쁨이요, 영광이지만 어떤 마음의 작용으로 꼭 내가 해야 한다고 하셨는지 지금도 궁금하다. 그 후 도미하여 집에도 방문했는데 한인교포치고는 아주 큰 집을 구입하여 생활할 뿐 아니라 이름은 잊었으나 손수 활화산을 구경시켜주는 등 융숭한 대접을 받았다. 이 분 목사님에게도 하나님의 은혜가 아주 풍성히 아주 풍성히 임하시기를 기도한다.

사진으로 보는 삶

사진은 내 삶에 기록이며 메시지라 사진속에 담긴
내 삶의 모습을 말없는 소리없는 메시지로
남기고자 한다.

◀ 개선문 앞에서 차녀 은주가 찍어준 사진

▶ 에펠탑 앞에서

▼ 사이판 하얏트 호텔 앞에서

▲ 사이판 해변도로에서

▼ 사이판 아들네 집 정원에서 둘째 손자 호연이와

▲ 중국 단동 압록강

▼ 중국 장가계 절경

▶ 중국 장가계에서 장성래 장로님과 함께

▲ 하와이 와이키키 해변

▼ 발칸반도 호텔 옆 숲

▲ 발칸반도 호텔 난간

▲ 발칸반도 고성 난간

▲ 캐나다 밴쿠버 리차드 가든 공원에서 큰딸과 함께

발칸반도 크로아티아 해변

▲ 덴마크 루터 기념교회 앞에서

▲ 남미 브라질 예수상 올라가는 케이블ㅊ

▲ 남미 브라질 이구아 폭포

▲ 하나밖에 없는 동생과 부석사에서　　　▲ 아내와 부석사에서

▲ 제주도 천제연폭포

▲ 런던 브리지 앞에서

▲ 런던 애천에서

◀ 캐나다 밴쿠버동상 앞에서(영국군
　장교)

▲ 애급 피라미드 앞에서

▼ 이스라엘 통곡의 벽에서

▼ 이스라엘 히브리대학 쿨만 교수와 함께

▲ 스웨덴 인어상 앞에서

◀ 불란서 깐느의 호텔

▼ 독일 베를린 부란덴부르크 문 앞에서

▲ 불란서 샌느강 유람선에서

▲ 불란서에 연합군이 상륙한 노르망디에서

▶ 불란서 200년 전에 지은 목조건물 교회

▲ 미국 포트랜드 국립공원 세인트 헬렌화산
  앞에서 친구 정동화 목사 내외와 함께

▼ 미국 포트랜드에서 캠핑카를 빌려
  일주일간 각처로 다니며 관광

▲ 미국 포트랜드 어느 호숫가에서

▼ 미국 국립공원 크레이크 레이크 호수 앞에서(2001.2.26)

▲ 미국 포트랜드 막내 딸과 외손주 지민이

▶ 미국 LA교회 앞에서

▼ 미국 포트랜드에서 아들과 함께

▲ 태국 아산가족을 위해 선교 여행

▼ 고산지대라 다리가 없어 도보로 도강

▼ 마닐라 어느 대학 교정

▲ 친구 한진찬 목사와 마닐라에서

▲ 제주 한라산 백록담 정복

▶ 처형 처제네와
가족과 함께

▲ 남미 브라질 부자촌
　왕자가 붙어야 산다는 동리

▶ 남미 브라질 식물원에서

▲ 알프스에 불란서 아가씨와 함께

▲ 불란서 알프스

◀ 사이판 둘째 손자 호연이
　　돌잔치

▶ 둘째 손자 돌케익

▲ 미국 초대 대통령 조지 워싱턴
　동상 앞에서

▲ 모찰드 기념탑 앞에서

◀ 오스트리아에서

▼ 스웨덴 시청 앞에서

▲ 갈리리 바다에서

▲ 단양 사이남에서 여동생과 함께

▼ 하얏트 호텔에서 결혼주례 축도 장면

벌써 내 나이 70세, 50여 년의 목회생활에서 은퇴를 해야 할 시점이 왔다. 아직 건강한데 살아 남아 존재하는 삶이 아니라 무엇인가를 위해 사는 삶이 되어야 하지 않겠는가?

그냥 오래 살면 무슨 의미가 있는가? 생각하고 기도하다 은퇴 후에도 내 건강이 허락하는 범위 내에서 무엇인가 해야겠다는 생각에서 60~70대 노인은 80~90대 노인을 돌볼 수 있겠다는 생각에서 YOC를 창설 운영하려고 미8군 휴양소인 남산 기슭에서 YOC 창립예배를 드리고 서울대 최성제 교수, 연예계 뽀빠이 이상용 씨 등 노인문제 전문가들을 이사로 모시고 우리 감리사 동기들 밀레니엄 회원들의 도움을 받아 회장직에 취임했다. 고수철 감독의 도움과 조영준 목사님과 남문회 목사님 등 여러분이 후원금도 내주어 활발하게 시작을 했으나 은퇴 후의 활동이라 그런지 뜻대로 잘 되지 않는 것을 실감했다.

은퇴 후에 어느 교회에서 내 생애를 마칠까 하여 시내 10곳의 교회들을 두루 다니면서 분위기도 살피고 영적 느낌도 점검했다. 마지막으로 압구정 교회에서 전도사로 같이 시무하던 은평교회 장상레 목사님의 교

▲ 45년간의 목회 생활을 마감하고 은퇴예배 장면

▲ 은평교회 노년대학 집무실에서

회를 보았는데 무엇인가 알 수 없는 인력을 느끼고 교파는 다르지만 말
년을 이 교회에서 지내야겠다고 결정했다.

　본래는 YOC에 열중하고 그냥 출석할 교회를 물색했었는데 담임 목
사님이 아주 이사를 오라는 말에 본처 목사(교회안에서만 활동하는 직)
자리라도 주려는가 하고 50평 APT를 싸게 팔고 현대APT로 이사했
다. 그저 동역목사로 일하자고 마음을 먹었기에 그것도 고마워서 열
심히 심방하며 교회 일을 도왔다.

　은퇴 후에 하는 일이라 너무 감사하고 감격하여 열심히 기도하고
가슴 깊이 증거했다. 어느 청년이 막 결혼을 해서 반지하방에 신접살

림을 차리고 신방을 고대하고 있었다. 너무나 감동이 되고 감격하여 진심으로 축복하고 어서 속히 집을 장만하고 행복한 생활을 기원했다. 13년이 지난 어느 주일날 그 청년이 와서 악수를 청하며 "목사님 오늘이 벌써 13년이 되는 날입니다. 집도 사고 자녀도 낳고 목사님의 축복이 우리 가정에 그대로 이루어졌습니다. 13년이 지난 지금까지 그때 그 신방을 기억하고 있으며 금년이 꼭 13년째입니다."라는 고백을 들었을 때 목회의 보람을 느꼈다.

최미향 권사의 일화인데, 남편이 대학교수이고 암수술 받았는데 늦어서 다시 복강을 한 상태에서 심방을 받기를 원해서 갔었다. 상의를 벗고 침대에 누워있는데 체격도 좋을 뿐 아니라 피부도 좋고 깔끔한데 죽어야 한다니 아주 측은한 마음이 생기고 불쌍하고 아까운 생각

▲ 길동 현대아파트 서재

이 들어서 손을 얹고 정말 진정으로 간절하게 기도하는데 나도 모르게 내 눈에 하염없이 눈물이 났다. 예배를 마치고 간증하기를 내 경험에 의하면 기도하다가 눈물이 나면 반드시 효과가 있었으니 믿고 기도하라고 부탁하고 귀가했다. 그 후에 방문했더니 포기했던 암이 회복되어 얼마 있으면 퇴원하라는 의사의 이야기에 너무 감격하여 교회에서 할 일이 없냐면 화장실 청소라도 하겠다고 했다. 하나님 내가 뭔데 기도에 응답해 주십니까? 최미향 권사 또한 어떻게 이 은혜를 저버릴 수 있겠습니까? 나는 여러 곳을 심방하면서 이 사실을 간증해서 병자를 위문도 하고 격려도 했다.

'막16:18 믿는자에게는 이러한 표적이 따르리니 병자에게 손을 얹은즉 나으리라. 아멘!'

분명히 분명히 내 삶속에서 역사하시는 하나님, 고치시는 이는 하나님이시지 결코 내가 아닙니다. 그 가정에 행운을 기도하며 하나님께 영광 돌리고 복되고 복된 가정되시길 바랍니다.

YOC 사업도 동시에 해야 하겠기에 하루는 구청장을 만나 복지대학 설립인가를 받고 개인적으로 노인운동을 하는 사람들에게 지원하는 약간의 지원금을 받고 은평교회는 장소를 빌려주는 형식으로 구청장을 모시고 개교 예배를 드렸다.

제2의 삶 ⋯ 제2의 목회나 다름없이 최선을 다했다. 무척 행복한 말년이다. 은퇴 후 한 10년 복지대학을 잘 운영해 왔다. 봄, 가을 여행도 가고 교회에서도 지원금을 주어서 부족함 없이 행복하게 복지대학 운영을 했다. 김형태 총무님의 헌신적인 봉사와 곽영순 부장님의 지

▲ 은평노인대학 야유회(2008. 10. 31)

원도 잊을 수 없는 은혜였다.

　YOC 사업은 중단할 수 없는 평생사업의 하나다. 전라남도 완도군 보길도에 교회 목사님이 그곳에 체육관을 설립하기 위해 폐교 초등학교를 불하받고 꿈을 가지고 노력했으나 한계에 다달았다는 얘기를 듣고 기도하던 중 체육진흥공단에서 농촌체육진흥을 위해 지원하는 예산 6억 원과 지방자치단체에서 1억 5천만 원을 합해 7억 5천만 원 정도 약속을 받고 추진했으나 관급공사로서는 그 액수를 가지고 체육관을 지을 수 없다는 군수님의 판단하에 포기상태에 있었는데, 우연히 신문에서 청와대에 규제격파 신문고가 생겼다는 것을 보고 박근혜 대통령님께 민원을 올려 둔 상태다.

　분명 좋은 소식이 올 걸로 기대한다. 규제 때문에 못하는 것이지 군

발 신 : YOC(Young old club) 노인단체

　　　기독교 대한 감리회가 지원하는 노인복지 단체로서 60, 70대가 80, 90
　　　대 노인들을 도울 수 있겠다고 생각되어 설립된 단체(2001년, 서울남연
　　　회에서 지원키로 의결함)

수 신 : 주한 스웨덴 대사관 복지정보과, 주 스웨덴 한국대사관 복지담당관

제 목 : 노인 요양원 설립 협조 요청

요 청 취 지

　　　우리 한국은 노인 인구 증가 추세가 세계에서 가장 높으며, OECD회원
국 중에서 노인 복지가 가장 뒤떨어져 있습니다. 이에 따라 요양원의 설
립이 절실히 요청되어 노인 요양원을 설립하고자 하오니 면밀히 검토하
여 적극 협력해 주시기 바랍니다.

요 청 내 용

1. 설립배경
　1) YOC 노인단체는 기독교 대한감리회 유지재단의 토지에 건립코자 합니다.
　　　－ 경기도 파주시 야동동 산1-1(임야 66,214㎡)
　　　－ 경기도 양주시 장흥면 일흥리 산72(임야 227,805㎡)(개발제한지역아님)
　　　－ 경기도 파주시 검산동 산1(임야 510,347㎡)
　2) 상기 임야는 개발제한지역이나 노인복지 및 외자도입 그리고 일자리 창출
　　　등 정부시책에 부응하니 정부지원이 가능하다고 판단하고 있습니다. 참고
　　　적으로 정부가 한강개발 및 기타 개발을 위해 100여 가지 이상의 규제를
　　　풀기로 한 점에 기대가 큽니다.
3) 상기 토지에 노인복지, 선진국인 스웨덴의 개인, 복지단체, 사회단체, 재벌,
　국가 등의 투자를 알선하여 주기를 바랍니다.
2. YOC임원은 다음과 같습니다.
　　－ 회장 장태현(감리회 원로 목사)
　　－ 이사 안행레(전 서울남연회 감독)

- 이사 고수철(전 서울남연회 감독)
- 이사 전성재(서울대교수, 전 세계노인학회 회장)
- 이사 이상용(연예인–TV노인프로 진행자)
- 이사 조영준(감리회 은퇴 목사)
- 이사 남문희(논산 감리교회 담임목사)

호 조 건

① 제주도에 영국식 교육 초등학교가 설립되었는데 국내 조기 유학생들이 몰리고 이웃나라 중국에서까지 크게 몰려 오고 있음. 스웨덴식 노인요양원이 생기면 크게 도움이 될 것으로 사료됨.
② 해외동포 역 이민 천신만고 끝에 자녀교육은 성공했으나 자신들의 뼈라도 조국땅에 묻이기를 희망하는 교포들이 많음.
③ 태국이나 필리핀 등으로 요양원을 찾아 나가는 것 방지
④ 이웃나라 중국의 13억 인구가 관심을 가질 것

설립 규모와 방법

① 설립하게 될 노인 요양원은 세계적인 대규모로 해야 성공 확률이 높다고 판단하고 있습니다.
② 독립가옥을 건축하여 독립 생활자
③ 공동주택 및 공동APT에 입주하여 공동식사 및 문화생활지원 등, 자동차도 공영화하여 자기 사용료만 지불토록
④ 거동이 불편한 분들 요양
⑤ 치매자 및 중증 환자 요양

2014. 8. .

요청인 YOC 회장 장태현
전화번호 010-4027-1493, 02-474-4208
주 소 : 서울 강동구 천호대로 1231 현대아파트 102동 501호
이메일 : kjsk969@naver.com

청 지휘하에 우리 민간에게 맡겨만 준다면 반드시 이루어질 사업이기 때문이다.

지금까지 내 삶속에서 역사하신 하나님 이 계획에도 역사해 주실 줄 믿고 설레는 마음으로 기도하고 있다. 뿐만 아니라 창조경제, 창조적사업을 독려하시는 대통령님께 민원도 올렸다.

또한 러시아와 협력하여 동해선을 유라시아선과 연결하고 고속도로를 뚫어 왕래하고, 가스관과 송유관 등 북간도 토지를 개발하여 미국의 대농과 같이 큰 농장을 운영한다면 우리나라 신용도는 높아지고 자금은 세계은행, 아시아개발은행 등에서 증자받을 수 있을 것이다. 북한문제는 러시아를 설득해 수천억 달러의 인원과 물량이 왕래하고 개성과 단둥까지 고속철과 도로를 개설하여 동·서쪽이 모두 왕래가 되면 통일은 자동적으로 따라올 것이라고 민원을 내었는데 회신이 왔지만 그리 시원스러운 답변은 아니었다.

그러나 다행스러운 것은 그 후에 서쪽에는 중국과 고속철과 고속도로가 뚫린다는 얘기가 언론에 보도되었고, 동쪽에도 나진특구를 비롯해 고속철 및 송유관 설치가 언론에 보도되니 내 예감이 이루어지리라 믿고 기다리고 있다.

YOC에서는 우리 감리교회가 금촌에 소유하고 있는 수십만 평의 땅이 있는데 군사기지에 묶이고 개발억제지역와 아무짝에도 쓸모없는 땅들이 많은데 내 생각에는 실버타운을 짓되 스웨덴 같은 노인복지 선진국의 시스템과 기술, 자금지원 등의 지원을 받고 지방자치단체에 해지요청을 하면 외자유치 차원과 노인복지 차원에서 해지해 주리라 믿는다.

미국이나 기타 외국을 여행하면서 만나는 교포마다 천신만고 끝에 자식들은 어느 정도 성공시켰으나 노인이 된 자신들은 한심하다는 것이다. 죽어서 뼈라도 고국에 묻히고 싶다는 한결같은 호소였다. 이에 평신도 사회국에 들러 이 문제를 의논하려 하였으나 감독회장 공석 때문에 소집자가 없어 추진할 수가 없다는 것이다. 속히 우리 감리교 감독회장이 들어서서 사라져 가는 교회의 위상을 한 번 떨쳐보는 것이 YOC 이상이요 꿈이다.

더 늦기 전에 속히 감독회장에 피선되어 이 꿈도 이루어질 날이 올 것을 나는 믿는다. 내 삶속에서 역사하신 하나님이 이 일에도 역사해 주실 줄 확신하며 붓을 놓는다.

▲ 루마니아 드라큘라성

▶ 블레드 호수

설교집

차례

♠ 본문 : 창1:1

♠ 제목 : 창조의 새해

전국에 계신 청취자 여러분 안녕하십니까? 저는 신당동에 있는 신일 장로교회를 섬기고 있는 장태현 목사입니다. 1971년 1월 1일에 남산에 있는 KBS에 부름을 받고 '창조의 새해'라는 주제로 말씀을 드리고자 합니다.

당시 국민소득 1,000불, 수출액 100억불이라는 상상을 초월하고 인간의 수치로는 잘 이해가 안 되기에 온 국민의 머리와 가슴속에 정신을 심령 속에 창조의 능력이 역사해야 겠기에 '창조의 새해'라는 주제를 선택했습니다.

1. 오늘 본문 창세기 1:2절을 읽어 보겠습니다.

'땅이 혼돈하고~공허하며~흑암이 깊음 위에 있고 하나님의 신은 수면에 운해 하시더라.'

전반부는 혼돈과 공허와 흑암이라는 용어로 요약 되는데,

① 혼돈의(히브리 어원의 '토후'라는 말의 번역인데) 뜻은 무질서, 정리가 안된 상태, 환란이라는 의미이고요

② 공허~'보후'의 번역인데 텅빈 상태, 뒤죽박죽의 상태를 의미하고요.

③ 흑암~'호색'의 번역인데 해가 지면 오는 자연적 어두움이 아니라 어두운 사회, 앞이 캄캄하다, 암울하다, 답답하다라는 의미의 용어입니다.

여하튼 이를 해석하면 오늘 우리가 직면하고 있는 현실을 말해 주고 있습니다.

목표는 세웠고 계획은 해놓았고 꿈은 품었지만 넘어야 할 산이 너무 높고, 건너야 할 강이 너무 깊으며, 장애물로 가득찬 광야가 가로막고 있습니다. 그런데 여기에 복음이 있습니다.

하나님의 신은 수면에 운행하시더라입니다. '매라해필'이라는 어원은 물을 하나님의 영이 품다, 진동하다, 떤다, 움직인다, 흔든다라는 의미입니다. 마치 암탉이 알을 품을 뿐 아니라 요동치며 발로 알에 충격을 주고, 굴리고, 흔들고, 진동케하고, 떨게 할 때 생명이 탄생되는 이치란 말씀입니다.

새가 알을 품는 것도 같아요.

그 신비는 바람이 임의로 불 때 어디서 오며 어디로 가는지 알지 못함과 같이 흰 쌀밥과 흰 가루를 같이 먹어도 어떤 사람의 머리는 검고 어떤 사람의 머리는 노란 것과 같이 알 수 없는 신비입니다.

다만 여기에서 우리가 배울 것은 창조의 주역은 하나님이시지 사람이 아니라는 것입니다. 하나님의 능력과 지혜와 활동이 창조의 주역

이라는 것입니다.

잠16:9 '사람이 마음으로 자기의 길을 계획할지라도 그 걸음을 인도하는 자는 여호와이시니라.'

슥4:6 '이는 힘으로 되지 아니하며 능으로 되지 아니하고 오직 나의 신으로 되느니라.'

하나님이 복을 주셔야 합니다.

하나님이 국운을 열어 주셔야 합니다.

하나님의 도우심으로 새해를 창조의 해로 만드는 주역들이 되시길 축원합니다.

2. 3절을 읽겠습니다.

하나님이 가라사대 빛이 있으라 하시며 빛이 있었고 제일 먼저 빛을 창조하신 것은 빛은 창조의 자료이며 방법이고, 원료요, 근원이요, 원천이기 때문입니다.

사60:1~3에서도 '일어나라 빛을 발하라. 이는 네 빛이 이르렀고 여호와의 영광이 네 위에 임하였음이라.' 열등의식에 사로잡혀 엎드려 있을 필요가 없습니다. 일어나면 되고 그리하면 당장 하나님께서 빛과 영광으로 변화시켜 주시리라는 것입니다. 희망의 빛이 가슴에 빛이었고 위대하고 크고 큰 꿈을 가슴에 심어 주었으니 일어나 빛을 발하라는 것입니다.

2절에 보면 '보라 어두움이 땅을 덮을 것이며 캄캄함이 만민을 가리우려니와 오직 여호와께서 네 위에 임하실 것이며 그 영광이 네 위에

날아다리니 열방은 네 빛으로 열왕은 비치는 네 광명으로 나오리라.'

출10:21~23에 보면 이스라엘 백성들의 출애굽의 꿈을 성취시키기 위해서 애굽 온땅에 어두움이 임하였으나 이스라엘 백성들이 사는 고센땅에는 환한 밝은 빛을 빛추어 출애굽을 도운 것 같이 하나님께서 우리 가슴에 품고, 심고, 계획한 꿈을 실현시키기 위하여 '오직 여호와께서 네 위에 임하실 것이며 그 영광이 네 위에 날아다리니 3절에~ 열방은 네 빛으로 열왕은 비치는 네 영광으로 나오리라.'

우리는 천지만물을 운행하시는 하나님의 도움으로 이미 꿈을 심었고 성취키 위해 일어나 빛을 발하면 됩니다. 시바 여왕이 솔로몬의 지혜를 배우려 찾아 오듯이 빛을 본 곤충들이 죽을 줄 모르고 날아들 듯이….

4절에도 보면 네 눈을 들어 사면을 보라. 우리가 다 모여 네게로 오느니라. 네 아들들은 원방에서 오겠고 네 딸들은 안겨 올 것이라.'

5절 하반절에도 '바다의 풍부가 네게로 돌아오며 열방의 제물이 네게로 옴이라.'

6절에도 '허다한 약대 미디안과 에바에 절음 약대가 네 가운데 편안할 것이며 스바의 사람들은 다 금과 유향을 가지고 와서 여호와의 찬송을 전파할 것이며….'

7절에도 '게달에 양 무리는 다 네게로 모여지고 느바욧의 수양은 네게 공급되고 네 단에 올라 기꺼이 받음이 되리니 내가 네 영광의 집을 영화롭게 하리라.'

9절에도 '곧 섬들이 나를 앙망하고 다시스의 배들이 먼저 이루되 원방에서 내 자손과 그 은금을 아울러 실고 와서 네 하나님 여호와의 이름에 드리려 하며 이스라엘의 거룩한 자에게 드리려 하는 자들이라.

이는 내가 너를 영화롭게 하였음이니라.'

우리는 깨어 일어나면 됩니다. 전국에 청취자 여러분, 하나님은 이 땅을 축복하기로 예정하시고 꿈을 주시고 희망의 빛을 비추어 주시고 원대하고 크나큰 계획을 심어 주셨습니다. 어두운 깊은 잠에서 깨어 일어나면 됩니다. 부정적인 생각들을 다 물리치고 천지를 지으신 하나님의 명령에 순종하여 일어나면 됩니다. 모두 함께 일어나면 됩니다. 희망의 빛을 발하면 열방과 열왕이 금은보화를 가지고 들어 올 것이요, 약대와 양들이 몰려 올 것이며 상대가 귀한 물질을 싣고 들어 올 것입니다. 암탉이 알을 품고 운행하듯이 꿈을 품고 하나님의 도우심을 믿고 일어나 빛을 발하면 됩니다.

3. 보시기에 심히 좋았더라.

31절 하나님이 그 지으신 모든 것을 보시고 보시기에 심히 좋았더라.

저녁이 되며 아침이 되니 이는 여섯째 날이더라.

1. 빛을 창조하시고 보시기에 좋았더라. 3절, 4절
2. 땅과 바다를 창조하시고 보시기에 좋았더라. 10절
3. 각종 식물을 창조하시고 보시기에 좋았더라. 12절
4. 낮과 밤을 창조하시고 보시기에 좋았더라. 18절
5. 각종 동물을 창조하시고 보시기에 좋았더라. 25절
6. 사람을 창조하시고 보시기에 좋았더라. 27절

부분적 창조물을 보시고 좋아하신 하나님, 전체를 보시고 심히 좋았더라. 모를 심고 난 농부나 김을 매고 난 농부의 기쁨같이 목적을 달성하시고 성취하신 뒤 느끼시는 하나님의 심정처럼 우리도 팔을 건

어붙입시다. 목포를 향하여 일합시다. 허리띠를 조이고 선진국보다 더 노력합시다. '구슬이 서말이라도 꿰어야 보배'가 되듯 아무리 좋은 목표와 계획을 세웠어도 이룩해야 기쁨이 옵니다. 이런 날이 되도록 쉴 수밖에 없으리만치 열심히 뜁시다.

시126:6 '눈물을 흘리며 씨를 뿌리는 자는 기쁨으로 거두리로다.' 울며 씨를 뿌리며 나가는 자는 정녕 기쁨으로 그 단을 가지고 돌아오리라.

눈물의 씨를 뿌린다~ 울며 씨를 뿌리는 자는….

위 말씀은 눈물은 고통의 결청제입니다. 눈물겨운 수고로 심어야 기쁨의 추수가 있다는 것입니다. 허리띠를 조이고, 이를 악물고 고통을 감수하여 울며 씨를 뿌립시다. 그리하면 입에는 웃음이 가득하고 혀에는 찬송이 울려 나올 것입니다. 하나님이 천지창조를 완성하시고 심히 좋았더라. 하신 것같이 목표를 성취한 기쁨이 온 누리에게 넘치기를 기원하며 이만 줄입니다.

우리도 한 번 잘 잘아보세.

♠ 본문 : 눅10:17∼21
♠ 제목 : 승리의 기쁨

　오늘 본문은 누가복음에만 나오는 특이한 기사입니다. 1절에 보면 예수께서 70인을 둘씩 짝을 지어 친히 가시고자 하는 각동 각리에 보내시는 장면인데 예수님의 마음은 3절에 '어린 양을 이리 가운데 보는 것 같다.'고 하셨고, 7절에 '일하는 소에게 멍에를 씌우지 않으니 염려치말라.' 10절에 '영접지 아니하거든 발에 묻은 먼지도 떨어버리라.' 퍽 불안하고, 걱정이 되고 안심이 안 된 상태인 것을 보여줍니다. 그러나 17절에 돌아와 예수께 보고하는 장면을 보면 70인이 기뻐 돌아와 가로되 '주여, 주의 이름으로 귀신들도 우리에게 항복하더이다.' 발바닥에서 머리끝까지 기쁨이 충만한 상태였습니다.

　운동 경기나 횡재를 해 경제적 여유 때문에 오는 기쁨이 아니라 영적 전쟁에서 이긴 기쁨이었습니다. 귀신이 쫓겨 나가고, 병자가 고침을 받고 하나님의 나라가 확장되어 가는 현장에서 느낀 감격과 기쁨이었습니다.

이기는 자는 희희락락하게 살고 지는 자는 울면서도 못살고 죽는 것이 현실입니다.

벧전2:19에 보면 '지는 자는 이긴 자의 종이 된다.'라고 했고, 고전 9:25 '이기기를 다투는 자마다 절제하나니 저희는 썩은 면류관을 우리는 썩지 아니한 것을 얻고자 하노라.' 하였으며 '달음질은 향방없는 것 같지 아니하고 싸우기를 허공을 치는 것같이 아니하노니 내가 내 몸을 쳐 복종케 함은 전파한 후에 버림받게 될까봐.'라고 했습니다.

70문도와 사도 바울과 같이 우리도 싸워 이겨야 합니다. 수시로 찾아오는 의심과 싸워야 합니다. 마귀의 꼬임에 싸워서 이겨야 합니다. 죄의 유혹에서 이겨야 합니다. 불안과 스트레스를 이겨야 합니다.

계2:7 '이기는 그에게는 내가 하나님의 낙원에 있는 생명나무 과실을 주워 먹게 하리라.' 영생의 양식입니다.

계2:11 '이기는 자에게는 둘째 사망의 해를 받지 아니하리라.'

70문도의 기쁨을 여러 성도님들도 체험하셔서 승리자의 축복과 기쁨을 맘껏 누리시길 축원합니다.

2. 예수님의 반응 12~19

70문도의 기쁨 보고를 받은 예수님의 반응은 19절에 보면 '사탄이 하늘에서 떨어지는 것을 내가 보았노라. 내가 너희에게 뱀과 전갈을 밟으며 원수의 모든 능력을 제어할 권세를 주었으니 너희를 해할 자가 결코 없으리라.' 승리의 동기를 말씀하셨는데 내가 네게 공급해 주었기 때문이라는 것입니다.

70문도는 어린양에 불과했으나 보급도 불충분하고 가진 것도 없었으나 우리 주님이 등 뒤에서 기도하시고 공급해주셨기 때문에 이길 수 있었다는 것입니다.

마28:19~20 '하늘과 땅의 모든 권세를 네게 주었으니 모든 족속으로 제자를 삼고 아버지와 아들과 성령의 이름으로 세례를 주고 가르쳐 지키게 하라. 내가 세상 끝날 때까지 너희와 항상 함께 있으리라.' 하나님이 우리에게 직분을 맡기실 때 그냥 맡기시지 않습니다. 감당할 수 있는 힘과 지혜와 능력과 금전을 공급해 주십니다. '내가 사람을 낚는 어부가 되게 하리라.'

딤후4:7에 보면 바울을 돕던 제자들이 모두 떠나고 사도 바울이 아주 심약해졌을 때 '주께서 내 곁에 서서 나를 강건하게 하심은 이방인으로 듣게 하려 하심이라.'

행18:9~10 밤에 환상 가운데서 바울에게 말씀하시되 '두려워 말라. 잠잠하지 말라. 내가 너와 함께 있으매 아무 사람도 너를 대적하거나 해롭게 할 자가 없으리라.' 믿고 순종만 하면 등 뒤에 계신 주께서 지혜도, 능력도, 권능과 권세를 끝없이 공급하여 기어이 승리케 해 주신다는 신실한 우리 주님의 약속입니다. 믿고 순종하여 승리자의 반열에서 늘 승리의 기쁨을 누리면서 사시기를 축원합니다.

3. 더 기뻐해야 할 일

20절에 보면 '그러나 귀신들이 너희에게 항복하는 것으로 기뻐하지 말고 너의 이름이 하늘에 기록된 것으로 기뻐하라.' 세상에서 맛보는 것이 아니라 그 이상의 기쁨이 있으니 하늘에 너의 행실과 행동이 기록 된 것을 더 기뻐하라는 것입니다.

마25:41 '지극히 적은 자 하나에게 한 것이 곧 내게 한 것이니라.' 선교 현장에서 귀신을 쫓아내고 병을 고치고 복음을 전한 이 모든 일이 예금을 하면 통장에 기재되듯이 하나하나 하늘에 그 이름이 모두 다 기록될 터이니 이것을 더 기뻐해야 할 일이라는 것입니다. 순간적인 승리의 기쁨이 아니라 영원히 하늘 생명책에 기록된 것 마지막 심판 때 내어놓고 보시면서 보상할 그 책에 기록된 것에 더 기뻐해야 할 것입니다.

고전15:58 '항상 주의 일에 더욱 힘 쓰는 자들이 되라. 이는 너의 수고가 주 안에서 헛되지 않을 줄을 앎이니라.' 콩 심은데 콩 나듯이 주를 위한 헌신과 봉사와 선교와 노력이 다 생명책에 기록될 것입니다.

계3:5에 "이기는 자는 이와 같이 흰 옷을 입을 것이요. 내가 그 이름을 생명책에서 반드시 흐리지 아니하고 그 이름을 내 아버지 앞과 그 천사들 앞에서 시인하리라. 땅에서의 기쁨에 만족하지 말고 더 큰 하늘에 기록된 것을 기뻐하라.' 아멘!

1980. 11. 1
압구정교회 설교

♠ 본문 : 골2:3
♠ 제목 : 예수 안에 감춰진 비밀

사도 바울은 지금 로마 옥중에서 그것도 쇠사슬에 묶여 네로 황제의 재판을 기다리고 있는 몸이었습니다. 재판의 결과는 '사형'이 확실합니다.

겁쟁이가 되기 쉬웠고, 목숨을 위하여 복음을 포기하기도 쉬웠습니다. 예수를 버리고 소송을 취하하면 석방도 가능했을 것입니다. 그러나 그는 지금 가보지도 못하고 얼굴조차 대면해 보지 못한 골로새 교회 교인들을 위해 얼마나 힘 쓰고 있는지 좀 알았으면 좋겠습니다. 이 열악한 환경에서 그토록 힘 쓰는 이유는 하나님의 비밀인 그리스도를 깨닫게 하려 함입니다.

이유인즉은 예수 안에는 지혜와 지식의 모든 보화가 감추어져 있기 때문이라고 했습니다. 좀더 구체적으로 본문을 살피며 은혜를 나누고자 합니다.

1. 예수 안에 있는 지혜

지혜는 '크래다너스'라는 어원의 번역인데 뜻은 정한 목적을 달성하기 위한 방편을 바로 택하여 운용할 줄 아는 덕성이라고 합니다.

잠3:1에서는 하나님을 경외하는 것이 지혜의 근본이라고 했습니다.

잠3:14에 보면 지혜를 얻는 것이 은을 얻는 것보다 낫고 그 이익이 성금보다 낫다고 했습니다.

어두운 세상에서 헤매는 인류에게 한줄기 빛을 비춰주는 말씀이며 길을 안내해 주는 말씀이 아닐 수 없습니다. 이 진리가 예수 안에 감추어져 있다는 것입니다. 아래 성결들을 참조해 보면 좋겠습니다.

마11:25~27, 요8:31~32, 별1:9~10, 약1:5에 보면 노출되어 있는 것이 아니라 감추어져 있다는 것입니다. 이 지혜는 인간의 사색이나 궁리의 산물이 아니라 사람이 알 수 없었던 하나님의 계시로만 알 수 있는 보화라는 것입니다.

그 예를 왕상3:4절 이하 솔로몬의 경우에서 배울 수 있습니다. 내용인즉은 일천 번 제를 마치는 날 밤에 하나님이 나타나시어 '내가 네게 무엇을 줄꼬. 너는 구하라.' 솔로몬에게 대박이 터졌습니다. 이 이상 좋은 기회가 없습니다. 여러 가지를 생각할 수 있겠습니다. 그러나 솔로몬은 여타 모든 것을 포기하고 지혜를 구했습니다. 10절에 보면 이것이 주의 마음에 맞아 13절에서 보듯이 지혜와 더불어 구하지 아니한 부와 영광도 네게 주노니 지혜만 얻으면 모든 것을 얻게 되는 줄 믿습니다.

예수 안에 있는 이 지혜를 발견한 바울은 열악한 환경 가운데에서도 골로새 교인들의 영안을 뜨고 깨닫게 해 달라고 힘 쓰고 있습니다. 성도 여러분, 예수 안에 감춰진 하나님의 비밀인 지혜를 깨달아 활용하는 은혜가 있기를 축원합니다.

2. 지식입니다

예수 안에는 지혜만 감춘 것이 아니라 지식도 감추어져 있다고 합니다. 누구나 볼 수 있도록 드러나 있는 것이 아니라 감추어져 있다고 합니다. 그러기에 깨달아야 하고 바울이 힘 써서 기도하는 것입니다.

예수가 누군줄 아는 것은 어려운 일입니다. 왜~? 감춰져 있기 때문입니다.

마11:2~5에 보면 세례요한도 몰랐습니다.

'옥에서 오실 이가 당신인가? 우리가 다른 이를 기다리오리이까?'라고 했습니다.

마16:13~18까지의 말씀을 보면은 제자들에게 물어 가로되 사람들이 인자를 누구라 하더냐? 더러는 세례요한, 더러는 앨리야, 더러는 예레미야나 선지자 중에 하나라고 하더이다.

요4:10에 수가성 우물가의 여인에게도 '네게 물좀 달라 하는 이가 누구인줄 알았더라면 네가 그에게 구하였을 것이요, 그가 생수를 네게 주었으리라.'라고 하였습니다.

여기 지식이라 번역된 어원은 '다아트'라고 하는데, 뜻은 앎, 지식, 분별, 이해, 지혜라는 말입니다.

삼상2:3에 보면 "여호와는 지식의 하나님이시라."

잠3:20에 보면 '하늘을 굳게 펴셨고 그 지식으로 해양이 갈라지게 하셨으며 공중에서 이슬이 내리게 하셨느니라.'

하늘과 땅을 지으신 지식, 온 우주를 운행하시는 지식, 사람을 오묘하게 만드신 지식, 이 모든 지식이 예수 안에 감추어 있다는 것입니다.

그러기에 잠8:10에서 말씀하시기를 '너희가 은을 받지 말고 나의 훈계를 받으며 정금보다 지식을 얻으라.'라고 하셨습니다.

어느 제자가 스승에게 물었습니다. "안다고 하는 것이 무엇입니까?" 스승이 대답하기를 "아는 것을 안다 하고 모르는 것을 모른다고 하는 것이 아는 것이다." 하나님을 바로 알면 신령과 진정의 예배를 드리게 됩니다. 우리는 예수 안에 감추인 지식을 깨달아야 합니다.

안다는 것은 지식이 아니라 체험이고 학문이 아니라 신앙입니다. 믿음의 눈으로 그리스도 안에 감춰진 지식을 터득하여 옳게, 바르게, 참되게, 선하게 사는 성도들이 되시길 바랍니다.

고전13:12에 보면 '우리가 이제는 거울을 보는 것같이 희미하나 그때에는 얼굴과 얼굴을 대하여 볼 것이요. 이제는 내가 부분적으로 아나 그때에는 주께서 나를 아신 것같이 내가 온전히 알리라.'

베드로가 "주는 그리스도 하나님의 아들이시니이다."라고 고백한 것 같이 예수 안에 감춰진 지식을 깨달아 하나님을 바로 알고 신령과 진정의 예배자가 되어 예수를 바로 알고 칭찬받는 성도가 되시길 축원합니다.

3. 예수 안에 감춰진 보화

예수 안에는 지혜와 지식만 감추어 있는 것이 아니라 모든 보화가 감추어져 있다고 합니다. 여기서 보화로 번역된 원문 '매사우로스'는 귀한 물건, 금은 보석을 쌓아둔 창고, 보고 등의 의미입니다.

마2:11에 보듯이 동방박사들이 예수께 바친 황금과 유향과, 모략 등을 의미합니다.

역하36:18에 보면 하나님의 성전보고에도 보물이 간직되어 있었음을 알 수 있습니다. 그러나 오늘 본문에서 말씀하는 보화는 사33:6에서와 같이 '여호와를 경외함이 너의 보배니라.'라고 하십니다. 참된 보화는 구원과 지혜와 지식이 풍성한 여호와를 경외하는데 있다고 가르치십니다.

마6:20에 보면 '오직 너희를 위하여 보물을 하늘에 쌓아두거니 좀이나 목록이 해하지 못하며 이 구명을 뚫지도 못하고 도적질도 못하느니라.'

예수 안에 감춰져 있다는 말씀을 통해 보면 분명 땅에 속한 보물이 아니라 하늘에 속한 보화를 의미합니다.

마13:44에 보면 밭에 감춰진 보화 이야기가 나옵니다. 천국이 이와 같다는 말씀으로 보화 이전에 비유의 말씀입니다.

하늘나라의 보화는,

① 찾는자에게 발견된다는 말씀입니다.

사람에게 진정한 보화가 어디 있는지 어떤 사람이 소유하게 되는지를 가르키고 있습니다. 밭에 감춰져 있기에 찾는 자의 것이라는 것입니다. 가만히 그저 저절로 주어지는 것이 아니라 땅을 뒤집고 소리를 듣고 가서 확인하는 자의 것이라는 것입니다.

② 무한한 기쁨이 용솟음친다는 것입니다.

발견한 후 덮어두고 발끝에서 머리끝까지 기쁨으로 충만했다는 것입니다. 생각만 해도 기쁩니다. 괜히 히죽히죽 웃습니다. 그런데 이 기쁨이 어떻게 해야 영원히 지속됩니까?

③ 자기의 소유물을 다 팔아 그 밭을 사느니라.

급합니다. 서둘러야 합니다. 그동안 무슨 일이 일어날지 모릅니다. 문전옥답을 팔기로 했습니다. 친지들이나 이웃은 그 좋은 옥답을 왜 파느냐고 묻습니다.

"응, 저 산비탈에 비탈지고 메마르고 돌이 많은 산전을 살리려고 그래." 이구동성으로 이 사람 정신 나간 사람이라고 몰아칩니다. 더러는 미쳤다고도 합니다. 그러나 당사자는 "내가 정신 나간 게 아니고 미친 게 아니라 나는 봐 놓은 게 있거든. 당신네가 못보고 못찾아서 그렇지 나는 분명히 발견했거든." 있는 것 다 팔아 산자락의 메마른 땅을 사는 것과 같다고 했습니다. 이것이 천국의 보화입니다.

바로 예수 안에 감춰진 보화는 이와 같은 것입니다. 하늘에 간직한 무궁무진한 보화를 차지하기 위해서는 지금까지의 모든 생각과 방법과 사고를 팔아야 합니다. 어느 사람의 장점 하나를 발견했습니까? 그러면 9가지 단점에 눈을 감아야 보화를 차지할 수 있습니다.

사도 바울이 로마 옥중에서 쇠사슬에 묶여 사형선고를 기다리는 처지에서도 이 예수 그리스도의 충만함을 발견하고 만족하여 얼굴조차 보지 못한 골로새 교인들도 예수 안에 감춰진 지혜와 지식과 모든 보화를 발견하고 기뻐했습니다. 이 예수 안에 감추어진 지혜와 지식의 모든 보화를 꼭! 꼭 발견하고 기뻐하며 자기 소유로 만드시길 축원합니다.

♠ **본문 : 살전1:5**

♠ **제목 : 소문난 교회**

　바울선교의 초기에 세워진 교회이며 앞뒤 전후를 살펴보면 데살로니가에서도 유대인들의 박해로 행17:11에 나타난 뵈뢰아 교회에서 복음을 전하고 아덴-고린도 교회를 여행한 것을 보면, 데살로니가 교회에서는 불과 2, 3주간 머물며 복음을 전했는데, 4절 헬라인의 큰 무리와 적지 않는 귀부인 둘이 예수를 그리스도로 영접하였을 뿐 아니라 믿음의 내용도 3절에 보면 믿음의 역사와 사랑의 수고와 소망의 인내를 갖춘 신앙으로 무장하였으며, 7절에 보면 모든 믿는 자의 본이 되고, 8절에 보면 '믿음의 소문이 전세계에 퍼진고로 우리는 아무 말도 할 것이 없노라.'

　우리가 지향해야 할 교회요. 이바지해야 할 이상적인 교회입니다.

　이 성회 기간에 이 데살로니가 교회를 배우고 살펴서 우리 교회도 믿음의 소문이 각처에 퍼지고 모든 믿는 사람들의 본이 되는 교회와 교우들이 되시길 기원합니다. 어떻게 이러한 소문과 모범된 교회가 될 수 있었나 그 신앙의 내용을 살피며 은혜 나누고자 합니다.

오늘 본문 5절에 보면은 '이는 우리의 복음이 말로만 너희에게 이룬 것이 아니라 오직 능력과 성령과 큰 확신으로 된 것이니라.'고 전해 주고 있습니다.

바로 이 대목이 데살로니가 교회의 기초가 되고 바탕이 되어 소문 난 교회, 즉 모범교회가 된 것입니다.

1. 오직 능력과

흔히 천주교회를 눈에다 호소하는 종교라면 기독교는 귀에다 호소하는 종교라고들 합니다. 우리 기독교는 말씀의 종교입니다. 그러나 바울이 데살로니가 교회에 복음을 전할 때 우리의 복음이 말로만 너희에게 이룬 것이 아닙니다. 오늘날 강단에서 외치는 자는 많지만 울리는 꽹과리 소리같이 말로만 전해지기에 성도들의 영혼이 시들어 갑니다.

복음은 말이 아닙니다. 능력을 담고 실은 말이어야 합니다. 능력은 '코이호'라는 히브리어의 번역인데 힘, 되게 하는 힘, 움직이는 힘, 다시 나게 하는 힘 등 지식의 힘이나 지혜의 힘과는 별개의 힘으로서 사람을 구원하는 힘입니다. 우리도 데살로니가 교인들처럼 능력으로 복음을 받고 그 능력으로 삶을 살아갔듯이 살아가야 합니다. 그것이 믿음의 힘이고 에너지입니다. 예수께서 제자들을 파송하실 때 권능으로 무장시켜 파송하셨습니다.

고전4:19~20을 보면 '하나님의 나라는 말에 있지 아니하고 오직 능력에 있음이라.'

행1:8 '오직 성령이 너희에게 임하시면 너희가 권능을 받고 예루살

렘과 온유다와 사마리아와 땅끝까지 이르러 내 증인이 되리라.'

마5:30에 보면 '예수께서 자기에게서 능력이 나간 줄 아시고 내 옷에 손을 댄 자가 누구냐?' 이 능력이 우리 믿음속에서 역사해야 소문도 나고 모범교회가 됩니다.

엡1:18~23까지의 말씀을 보면 예수님의 능력에 대한 위력을 만나볼 수 있습니다. '그의 힘의 능력으로 역사하심을 따라 믿는 우리에게 베푸신 능력이 지극히 크심을 너희도 알게 하시기를 구하노라.'

그 능력의 위력을 20절에 설명하시는데 부활시키시고 하늘에 올라가실 때 로켓을 타거나 우주선을 타고 승천하신 것이 아니라 하나님의 능력으로 그저 두둥실 올라가셔서 하나님 우편에 앉으사 모든 정사와 권세와 능력을 주관하는 자와 이 세상뿐 아니라 다가오는 세상에 만물을 발 아래 복종하게 하시고 그를 만물 위에 교회의 머리로 주셨느니라. 이 말씀들을 한번 깊이 묵상하며 그 능력이 얼마나 크고 위대한지 상상해 보시기 바랍니다.

바울이 데살로니가에 가서 전한 복음의 능력 얼마나 크고 위대했으면 불과 몇 주만에 소문난 교회, 모범교회를 만들었겠습니까? 이는 우리 복음이 말로만 너희에게 이른 것이 아니라 오직 능력으로 전해졌기 때문입니다.

2. 성령과

예수님이 우리에게 주신 선물 중에 은혜와 평강, 건강과 축복 등이 있습니다. 그러나 더 위대한 선물이 있습니다. 바로 성령입니다.

요16~7 '내가 가는 것이 너희에게 유익하다'고 하셨습니다.

요14.16 '내가 아버지께 구하겠으니 그가 또 다른 보혜사를 너희에게 주시고 영원토록 너희와 함께 있게 하시리니.' 예수님이 가시고 보혜사 성령님을 보내주시니 유익하다는 것입니다.

당시에 가난한 백성에게 밥과 옷, 집 등을 주시지 않고 왜, 성령을 주시겠다고 하셨을까요? 성령은 이것들을 있게 하는 원동력이기 때문입니다.

성령은 히브리어의 '루아흐'의 번역인데 하나님의 영, 숨, 호흡, 생기라는 뜻입니다.

사11:2에 기록하기를 성령은 지혜와 총명의 신 모략과 재능의 신이라고 하셨으며, 겔37:1~6~8~9~10절에 보면 사람으로 하여금 힘을 얻게 하는 힘, 즉 생기라고 말씀하고 있습니다. 겔36:26에도 보면 사람으로 하여금 힘을 얻게 하는 신으로 가르치고 있습니다. 성령의 능력은 무한하여 사람으로 하여금 불가능이 없게 하는 성령의 힘이 가장 중요합니다. 예를 들면 예수께서 승천하시기 전 제자들에게 마지막 부탁을 하셨는데 예루살렘을 떠나지 말고 약속하신 성령을 받으라고 하셨습니다. 여타 할 일이 많고 문제도 많았으나 먼저 성령부터 받으라고 하셨습니다.

무엇을 먹을까, 무엇을 입을까, 어떻게 살까, 어떤 집을 지을까를 생각하기 전에 제일 먼저 성령을 받으라는 것입니다. 성령을 받으면 예수가 누구인줄 알게 되고 믿게 되고 말씀을 깨닫게 됩니다. 성령을 받아야 중생하고 영력을 얻고 힘을 받아 증인이 됩니다.

데살로니가 교회에 뿌려진 복음의 씨앗은 말로만 전달한 말씀이 아니라 성령을 전달하는 말씀이었기에 소문난 교회, 모범교회가 될 수 있었던 것처럼 입으로만 앵무새같이 성령 성령 하지 말고 뜨거운 성령의 은혜를 받아 병든 신앙, 병든 교회를 변화시키는 은혜가 있기를 축원합니다.

3. 확신으로 된 것입니다

바울 일행은 빌립보에서 유대인의 박해로 투옥되었다가 기적적인 도움으로 석방되어 데살로니가에 왔는데 복음전파를 하기도 전에 또 유대인들이 몰려와 방해를 했습니다. 뿐만 아니라 본래 헬라인들은

• 철학을 좋아하고 고전1:22~23
• 궤변을 좋아했으며 고전1:20
• 새로운 일에 흥미를 느끼는 성미가 있습니다.

행17:21 유대인의 박해뿐 아니라 원주민들의 개성을 생각할 때 인간의 방법이나 노력으로는 그들에게 복음을 전한다는 것은 일찌감치 접어두고 인간의 방법이 아닌 초인간적인 하나님의 방법인 '능력과 성령과 큰 확신'이라는 무기로 무장하고 복음을 전한 것이 틀림없습니다.

본래 '큰 확신'이라는 용어는 '앤풀레 로프리아폴레'인데 두 용어가 전하는 내용은 '로프리아', 즉 충만한 믿음입니다.

히6:11, 골2:2 원만한 이해의 모든 부요에 이르러 하나님의 비밀인 그리스도를 깨닫게 하려 함입니다.

히6:11 끝까지 소망의 풍성함에 이르러 더하여 많은 큰 믿음으로 전했다는 것입니다. 100% 큰 확신으로 무장하고 복음을 전했다는 말씀입니다. 성경에 보면 큰 믿음, 적은 믿음, 산 믿음, 죽은 믿음이 있다고 합니다.

죽은 믿음은 죽은 알을 품고 있는 암탉과 같습니다. 아무리 품고 굴려도 새 생명은 태어나지 않습니다. 성도님들도 적고, 죽은 믿음에서

크고, 산 믿음으로 무장하시고 여러분의 교회를 소문난 교회, 모범적인 교회로 부흥시키기를 축원합니다.

♠ 본문 : 엡1:18∼20

♠ 제목 : 영의 눈을 밝히사

여러분이 다 아시다시피 사도 바울이 로마 옥중에서 그것도 쇠사슬에 묶인채 무릎을 꿇고 기도하는 내용인데 이미 예수를 그리스도로 받아들이고 있는 성도들의 영적 눈을 밝히사,

- 부르심의 소망이 무엇이며
- 기업의 풍성함이 무엇이며
- 능력의 지극히 크심이 무엇인지 알게 해 달라는 내용입니다.

신앙이란 구두방에서 구두를 사고 양복점에서 양복을 사듯이 목사에게 신앙을 배운다 하는 것이 아니라 신앙은 자기 스스로가 발견하는 것이 아니고서는 무의미하다는 말씀입니다. 플라톤은 '경험되지 않은 인생은 가치 없는 삶이다.'라고 했으며 경험되고 자기가 발견하지 못한 신앙은 적은 믿음이 아니면 죽은 믿음입니다.

우리가 하나님께 이르는 길은 역시 스스로 영의 눈을 밝히고 발견하고, 체험하고, 경험하고, 느껴야 역사하는 믿음의 사람이 됩니다. 그러기에 사도 바울은 옥중에서도 쇠사슬에 묶인 상태에서도 에베소 교회의 신자들이 영의 눈을 떠서 관념적인 신앙에서 몸으로 느끼는 산 신앙체험을 스스로 발견케 해 달라고 간구하고 있습니다.

1. 부르심의 소망이 무엇이며

무슨 일을 맡기려고 부르신 것이 아니라 구원에의 부르심으로 이해 해야 할 것입니다.

골1:5에 보면 '너희를 위하여 하늘에 쌓아둔 소망을 인함이라.'

빌3:20~21 오직 우리의 시민권은 하늘에 있는지라 거기에서 구원 하는자 곧 예수 그리스도를 기다리노니, 그가 만물을 자기에게 복종 케 하실 수 있는 자의 역사를 우리의 낮은 몸을 자기 영광의 몸의 형 체와 같이 변하게 하시리니, 예수님의 무한한 능력으로 우리의 낮은 몸을 변화하신 예수님의 영광스러운 몸과 같이 변하게 해주신다는 말 씀입니다.

롬8:29~30 그 아들의 형상을 본받게 하기 위하여 맏아들이 되게 하시고, 정하시고, 부르시고, 의롭다 하시고 영화롭게 해주신다고 약 속하셨습니다.

성도의 삶은 위의 것을 생각하고 찾아야 합니다.

딤후4:7 '내가 선한 싸움을 싸우고 나의 달려갈 길을 마치고 믿음 을 지켰으니 이제 후로는 나를 위하여 의의 면류관이 예비되었음으로 주, 곧 의로운 재판장이 그날에 내게 주실 것이니 내게만이 아니라 주의 나타나심을 사모하는 모든 자에게니라.'

사도 바울은 하늘의 상을 위하여 모든 것을 버렸습니다. 소망은 신앙의 내적 힘입니다.

고전15:50 '혈과 육은 하나님의 나라를 유업으로 받을 수 없고 또한 썩을 것은 썩지 아니할 것을 유업으로 받지 못하느니라. 보라 내가 너희에게 비밀을 말하노니 우리가 잠잘 것이 아니요, 마지막 나팔에 순식간에 홀연히 다 변화하리니 나팔소리가 나매 죽은 자들이 썩지 아니할 것으로 다시 살고 우리도 변화하리라.' 할렐루야. 우리 믿는 하나님의 아들 딸들은 우리 주님이 재림하실 때 다 변화되어 주님의 몸과 같은 영광스러운 몸으로 변화될 것입니다. 마치 굼뱅이가 변하여 매미가 되어 구만리 장천을 날며 노래하듯이 영광스러운 몸으로 변화될 것입니다.

그리하여 계21:1~4, 22:1~5에 있는 것 같은 새 하늘과 새 땅에서 기화요초가 만발하고 사시사철 각종 과실을 맺히며 생명강수 굽어지는 영원한 나라의 시민권이 우리의 소망입니다. 우리의 소망이 무엇입니까? 우리주 예수뿐입니다. 고후4:16~18에 주와 함께 변화받아 살아 가듯이 몇 백년이나 몇 천년이 아닙니다. 영원무궁한 세월을 살게 될 것입니다.

2. 기업의 영광이 무엇이며

벧전1:4 '썩지 않고 더럽지 않고 쇠하지 아니하는 기업을 있게 하시나니 곧 너희를 위하여 하늘에 간직한 것이라.' 곧 나를 위해 하늘에 간직한 기업이 얼마나 귀하고 좋은 것인지를 말씀하고 있습니다. 그러나 기업은 아무에게나 주는 것이 아닙니다. 족속이거나, 후예거나, 자손에게 주는 것입니다.

갈4:5~7 '그러므로 네가 이후로는 종이 아니요, 아들이니 아들이면

하나님으로 말미암아 유업을 이을지니라.'

우리는 하나님의 아들인고로 기업을 상속받게 되는 것입니다. 재벌의 자식이 되거나 세도가의 자손이 된 것을 기뻐하고 자랑하나 우리는 천지를 지으시고 만물을 소유하신 하나님의 자녀입니다. 이것을 기뻐하고 자랑스럽게 여겨야 합니다.

마13:44 밭에 감춰신 보화와 같아서 자녀된 것에 감사하고 살아야 합니다. 자녀들에게 주실 기업의 풍성함이 어떤 것인 줄 알고 이 땅에서도 기뻐하고 감사하고 자랑스럽게 여겨야 합니다. 벧전1:4 '썩지 않고 더럽지 않고 쇠하지 아니하는 기업을 잇게 하시나니 곧 너희를 위하여 하늘에 간직하신 것이라.'

우리는 이 귀한 기업을 모르고 이 기업이 얼마나 귀한 줄 모르고 그 기업을 가슴에 소유치 못한 삶을 살기 때문에 적은 믿음, 죽은 믿음을 갖고 생활하고 있습니다. 눈을 떠야 합니다. 신령한 볼 것을 보는 눈, 바울처럼 비늘 같은 것이 눈에서 벗겨지듯 영안을 떠야 합니다. 이것을 위해 사도 바울은 옥중에서도 그것도 쇠사슬에 묶여 있으면서 두 손을 모아 기도드리고 있습니다.

3. 능력의 지극히 크심이 무엇인지 알아야 합니다.

여기 기록된 능력이라는 말의 번역된 어원은 '크리토스'라는 말인데, 오늘 본문에서는 4가지 단어로 표현하고 있습니다. 19절을 자세히 살피면 힘, 강력 역사하심, 능력, 하나님의 힘을 나타내 주고 있습니다. 인간의 이성으로는 측량이 안 되고 상상을 초월한 초인간적인 하나님의 힘을 말합니다. 이 힘을 12사도에게도 주시고 70문도에게도 주셔서 하늘과 땅의 모든 적의 세력들을 타파시키셨습니다. 본문에서는 예수의 부활사건을 통해서 설명하고 계십니다.

20절에 죽은자 가운데서 다시 살리신 부활은 인간적인 노력이나 기술이나 지혜나 지식의 힘이 아니라 그 능력으로 이루셨다는 것입니다.

세계를 통일한 로마의 국력을 총동원해서 죽이신 예수를 하나님의 능력으로 꺾으시고, 물리치시고 다시 살리셨다는 것입니다. 하나님의 능력은 로마제국의 국력보다 더 강하시다는 것입니다. 죽음보다 더 강하시다는 것입니다. 하늘에 오르실 때도 로켓으로 오르신 게 아닙니다. 비행기를 타고 승천하신 것 아닙니다. 하나님의 능력으로 두둥실 떠서 오르셨습니다.

세상의 어떤 정사와 권세와 능력을 주관하는 자들보다 당신의 오른편에 앉히신 예수 이 세상뿐 아니라 다가올 미래의 어떤 누구보다도 뛰어난 예수를 만드신 능력, 천하 만물을 복종케하는 능력과 권세를 주신 하나님의 능하신 팔을 의미합니다. 뿐만 아니라 예수를 세상의 모든 교회의 머리가 되게 하시는 힘, 복음에도 이 능력이 나타나고 눈을 뜨게 하시고 병자를 고치시는 능력, 죽은 자를 살리시고 복과 화를 주관하시는 지혜의 능력, 말로 다 표현할 수 없는 하나님의 이 능력의 지극히 크심이 어떤 것인 줄 에베소 교회 성도뿐 아니라 오늘을 살고 있는 모든 성도들이 알아야 할 필수 요건입니다.

영안을 밝혀 부르신 소망이 무엇이며 성도들에게 베푸실 기업의 풍성함이 어떤 것이며 믿는자 속에서 역사하시는 하나님의 능력의 지극히 크심이 어떤 것인 줄 아는 성도들이 되시길 축원합니다.

1992. 3. 10
설악산 파크호텔 송파지방교역자 수련회

♠ 본문 : 딤후 1:6
♠ 제목 : 은사를 다시 붙일 듯하게

오늘 본문을 보면은 '그러므로 내가 나의 안수함으로 네 속에 있는 하나님의 은사를 다시 붙일 듯하게 하기 위하여 너로 생각나게 하노니,' 여기서 다시 붙일 듯하게라는 말은 '아나조취래인'이라는 어원의 번역인데 신약성서에만 있는 단어로서 뜻은 '꺼져가는 불을 다시 타오르게 하는 것'이란 뜻으로, 여기서 은사를 불에 비유한 것은 의미 심장합니다.

불은 꺼지는 습성이 있습니다. 안수 당시에 카리스마, 감격, 각오, 결심, 이상, 포부, 꿈 등이 세월의 흐름을 따라 점차 사라지고, 희미해지고, 가물거리게 되기에 끝없는 기도와 말씀으로 재충전, 재급유를 받아야 불똥을 제거하고 심지를 돋우는 노력이 뒷받침 되어야 하기 때문에 그런 뜻에서 오늘 많은 경비와 시간을 들여서 영감어린 이 명산에서 수련회를 가지는 의미를 찾아야 하겠습니다.

아마 디모데도 주변의 핍박과 바울의 투옥에 대한 두려움 때문에 목회적 은사를 제대로 발휘못했던 것 같습니다. 이러한 추측은 7절에 하나님이 우리에게 주신 것은 두려워하는 마음이 아니요, 오직 능력과 사랑과 근신하는 마음이니 능력으로 재무장하고 사랑으로 재충전하며 근신하는 인내심을 갖게 되시길 축원합니다.

소명을 다시 붙일 듯

기독교 역사 이래 오늘날처럼 목사에 대한 요구가 다양하고 긴급한 때는 다시 없을 것 같습니다. 죄 많은 인간으로서 전능자의 사신이 된다는 것, 하나님과 예수님의 마음을 품고 해석하고 전달하는 것, 그는 사람 중에 사람이어야 하고 사람다운 사람이어야 하며 지도자요 어린 양의 목자가 되어야 하기 때문입니다.

매주 산뜻하고 새로운 설교, 메마르고 가난한 심령들에 흡족한 은혜를 공급해야 하며, 명철한 조직으로 교인 각자에게 할 일을 제공하고, 주되 다 주며, 사랑하되 모두를 사랑하며, 교회행정을 물샐틈없이 운영하는 사람, 선교의 불을 붙여주고 교인들을 노엽게 하지 말며 독서와 독경과 묵상과 기도로 끝없이 하나님의 마음을 살펴 전달하는 사람…. 이러한 일은 너무나 광범위하고 고귀하고 엄위하기에 오늘의 고민이 있는줄 압니다.

옛글에도

• 출3:1 모세의 경우도 같습니다.

호렙산 기슭에서 양치는 목자 모세를 떨기나무 불꽃 가운데서 부르시고 왕과 방백들 앞에서 "하나님의 백성을 해방시켜라." 모세의 반응은 "나 같은 것이 어찌 바로 앞에 갈 수 있습니까?"

사람으로서 너무나 벅찬 소명이었기 때문입니다.

• 이사야의 경우도 그렇습니다.

사6:1~8 성전에서 기도 중 여호와의 영광을 본 이사야의 소명 '화로다 나는 죄인이로소이다.'

• 예레미야의 경우

렘1:4~10 드고아 농장에서 은둔생활을 하고 있던 예레미아의 소명입니다.

10절에 보면 '슬프도소이다. 주여호와여 보소서. 나는 아이라 말할 줄을 알지 못하나이다.' 살구나무 가지로 당신을 계시하시며 5절에 '내가 너를 복중에 짓기 전에 나를 알았고 네가 태에서 나오기 전에 너를 구별하였고 너를 열방의 선지자로 세웠노라.'

믿으시기 바랍니다.

오늘 우리는 이들의 소명을 통해서 우리의 소명을 다시 붙일 듯하게 기름을 넣고 심지를 돋우는 기회가 되시길 축원합니다. 하나님이 세운 종 하나님이 책임져 주실 줄 믿습니다. 당신의 이름을 위하여 의의 길로 분명히 분명히 인도해 주실 줄 믿습니다.

2. 경건에 대한 연습에 다시 붙일 듯하게 해야 합니다.

지금 복음은 종교를 무시하는 세태 속에서 외쳐지고 있습니다. 무종교의 분위기를 즐기고 있는 중에 목회하고 있다는 말씀입니다. 여간한 경건훈련이 없이는 어렵습니다. 그러기에 사도 바울은 디모데 목사에게 딤전4:7에서 '망령되고 허탄한 신화를 버리고 오직 경건에 이르기를 연습하라. 육체의 연습은 약간의 유익이 있으나 경건은 범

사에 유익하니 금생과 내세에 약속이 있느니라.'

목사가 해야 할 연습은 건강이나 승리를 위한 운동연습이 아니라 경건한 연습에 열중해야 한다는 말씀입니다.

히5:13~14에 보면 젖을 먹는 자와 단단한 식물을 먹는 자를 비교하시면서 어린 아이에게 단단한 식물을 먹는 사람으로 성장시키기 위하여 끝없이 단련하라는 말씀입니다.

히12:11~13까지의 말씀도, 무릇 징계가 당시에는 즐거워 보이지 않고 슬퍼 보이나 후에 그로 말미암아 연달한 자에게는 의의 평광한 열매를 맺나니 그러므로 피곤한 손과 연약한 무릎을 일으켜 세우고 너의 발을 위하여 곧은 길을 만들어 저는 다리로 하여금 어그러지지 않고 고침을 받게 하라. 헬라인들에게 소크라테스는 경건한 사람이었습니다.

그는 아래 4가지를 가르쳤는데
① 하나님의 뜻을 떠나서는 한걸음도 내딛지 않은 사람
② 살아있는 영혼에 상처를 주지 않을 만큼 올바른 인물
③ 자제심이 강하여 괴로움 대신에 안락을 택하지 않는 인물
④ 뛰어난 감각과 사려가 깊은 사람, 선악을 구별하고 실수가 없는 사람

목사는 경건해야 합니다. 오늘 영감어린 이 명산에서 경건에 대한 은사를 다시 붙일 듯하게 돋우시기를 축원합니다.

3. 보상에 대한 은사를 다시 불붙게 합시다.
마25:21~23에 보면 맡긴 일에 충성한 종들에게 베푸시는 우리 주

님의 보상을 엿볼 수가 있습니다. 충성된 종에게 먼저

- 마음껏 칭찬하고
- 10달란트를 모두 다 주시고
- 주인의 즐거움에 참여할 것을 약속하셨고
- 악한 종에게서 뺏은 1달란트까지 모두 주셨습니다.

우리 주님은 충성한 종들에게 보상하시는 주님이십니다. 푸르디 푸른 청춘을 새벽잠을 설쳐가며 눈물의 기도로 고생하시는 목사님들, 받을 대우를 제대로 받지 못하고 고생하며 묵묵히 주를 섬기시는 목사님들, 우리 주님은 결코 외면하시지 않습니다. 반드시 보상하십니다. 저의 목회 40년을 회고해 볼 때 물질이 필요할 때는 물질을 주시고 역력이 떨어질 때는 능력을 더해주시는 주님, 저는 결코 부족함이 없는 삶을 살았습니다.

강원도 산골에서 어떻게 하면 전기 나오고, 연탄 때는 곳, 수돗물이 나오는 곳에 파송받아 보는 것이 소원이었습니다.

내가 하도 연탄난로 피워 보기를 고대하니까 사모가 면사무소에서 일하다 귀가길에 연탄 6장을 사고 궤에 담아 이고 오다가 너무 힘이 들어 집 마루에 내려놓고 엉엉 울던 모습이 지금도 생생합니다. 그러던 저에게 수도 서울에서 그것도 로데오거리 압구정동에서 일국의 국무총리와 각부 장관, 대학총장, 기업회장 등의 존경을 받으며 목회케 하신 하나님, 저에게는 부족한 것이 없습니다. 잔이 넘칩니다. 죽었다 다시 살아나도 나는 목사가 될 것입니다.

딤후4:7~8에 있는 말씀을 보면 '내가 선한 싸움을 싸우고 나의 달려갈 길을 마치고 믿음을 지켰으니 이제 후로는 나를 위하여 의의 면류관이 예비되었음으로 주 곧 의로우신 재판장이 그날에 네게 주실 것이니 내게만 아니라 주의 나타나심을 사모하는 모든 자에게니라.' 아멘

고전15:58 '그러므로 내 사랑하는 형제들아 견고하여 흔들리지 말며 항상 주의 일에 더욱 힘쓰는 자들이 되라. 이는 너의 수고가 주 안에서 헛되지 않을 줄 앎이니라.' 우리 주님 보상해주시는 주님이십니다. 끝까지 참고 견뎌서 주님의 보상을 받을 줄 믿고 희미해 가는 보상에 대해 다시 한 번 새롭게 불 붙일 듯 일어나게 되시길 축원합니다. 아멘!

♠ **본문 : 스4:6~7**

♠ **제목 : 내 신으로 되느니라**

　신학자 폴 필리히는 인간은 어쩔수 없는 4가지 한계 속에 살아간다
고 합니다.

- 시간의 제약~제아무리 태양을 멈추게 하고 홍해를 가르는 영웅
  호걸도 시간 속에 제약을 받는다는 것입니다.
- 인과응보의 제약~성씨라든가 신체, 피부, 두뇌, 신장 등의 제약
  에서 벗어날 수 없다는 것입니다.
- 공간의 제약~제아무리 날고 뛰어도 3 내지 8미터라는 것입니다.
- 실존적 제약~생로병사 한계 속에 제약을 받는다고 했습니다.

　인간이 무엇이냐? 한계 속에 실존하는 존재라는 것입니다. 고국을
떠나 태평양을 건너 산 설고 물 설은 이 땅까지 와서 몸부림을 치나
여전히 한계 속에서 살아갈 수밖에 없는 한정된 존재라는 것입니다.
오늘 읽은 본문은 이 한계 속에 갇힌 사람들에게 주시는 하나님의 메

시지입니다.

내용인즉 70년간 한맺인 포로생활에서 극적으로 귀환하여 꿈에도 소원하던 성전 재건에 착수했으나 이웃나라의 방해와 국내의 정치·경제·사회적 여건으로 14년간이나 중단할 수밖에 없는 아픔을 안고 기도 중 스룹바벨에게 환상과 이상을 보여 주시며 2절 '네가 무엇을 보느냐?' 오늘 이 어쩔 수 없는 한계 속에 헤매는 우리들에게 묻는 질문입니다. 땅만 보지 말고, 현실만 보지 말고, 인간의 계수나 계획만 보지 말고 눈을 들어 하늘을 바라보라는 명령입니다.

눅10:23~24. 보는 것을 보는 눈이 복이 있다고 했습니다.

요6:5에 오병이어의 비유에서 영감을 받아야 합니다. "예수께서 빌립을 시험하시려고 이 큰무리를 어디에서 떡을 사서 먹게 하겠느냐?" 빌립은 머리를 굴립니다. 대충 계수해도 이백 대나리온의 떡이 부족할 터인데 사람의 수, 떡의 양, 필요한 돈, 어디에서 살까를 계산해 보니 불가능합니다, 이것이 오늘 우리의 현실이요 실존입니다.

왜 이 비유를 보여 주셨으면서 빌립을 시험하셨을까요? 예수님의 신성과 능력과 전능을 보여주기 위한 말씀인 줄 믿습니다.

계1:20 '7곱 별은 7교회의 사자요 7촛대는 7교회니라.'

부활하사 살아계신 예수께서 7교회의 사자와 7교회 사이를 두루 다니시며 지혜와 능력과 권세를 공급해 주시는 우리 주님을 보아야 합니다.

'니가 무엇을 보느냐?' 우리 주님의 능력과 전능과 신비와 되게 하심과 짓게 하시는 신비를 보아야 합니다. 그래서 예수 믿고 성경 보고 성회를 하는 것입니다. 엡1:18 너의 마음의 눈을 밝히사 그의 부르심의 소망이 무엇이며 성도 안에서 그 기업의 영광과 풍성이 무엇이며 그의 힘의 강력으로 역사하심을 따라 믿는 우리에게 베푸신 능력의 지극히 크심이 어떤 것인지 너희로 알게 하시기를 구하노라. 마음의 눈을 밝혀야 소망과 기업과 크신 능력을 보게 됩니다. 일년에 한 번씩 거쳐가는 성회가 아니라 마음의 눈을 뜨는 성회가 되시길 축원합니다.

출14:30~31 이스라엘이 여호와께서 애급 사람들에게 베푸신 큰 일을 보았음으로 백성이 여호와를 경외하며 여호와의 그 종 모세를 믿었더라. 확실히 보고 분명히 알아야 합니다. 그래야 하나님을 경외케 되고 주의 종들에게 믿음을 가지게 됩니다. 알면은 종교가 되고 모르면 미신이 됩니다. 본문 5절에 내게 말하는 천사가 이르되 '네가 이것들이 무엇인지 알지 못하느냐?'

'내가 알지 못하나이다.'하니 하나님이 더 분명히 말씀하십니다. '힘으로 되지 아니하고, 능으로 되지 아니하고 내 신으로 되느니라.' 확실하고 분명하게 재차 말씀하시었습니다. 그렇습니다.

1. 힘으로 되지 아니합니다. 이것을 보고 분명히 알아야 합니다.

호1:7 '그러나 내가 유다 족속을 긍휼히 여겨 저의 하나님 여호와로 구원하겠고 활과 칼이나 전쟁이나 말과 마병으로 구원하지 아니하리라 하시니라.'

병력이나 무력이나 세상의 어떤 힘으로 구원받는 것이 아니라 하나님의 신으로 구원하시겠다는 언약입니다. 오늘의 내 문제가 지식의 힘이나 계획이나 노력으로 되지 아니하고 오직 하나님의 손에 있음을 확실하게 보고 분명하게 알아서 인생설계와 사업설계를 하시길 축원합니다.

2. 능으로 되지 아니하고

원문 '코아하'의 번역은 육체적 힘, 완력, 건강의 힘입니다. 예를 들면 삼손의 힘, 골리앗의 능력 등을 의미합니다. 인간적인 어떤 능으로도 한계에서 벗어날 수 없다는 말씀입니다. 노력과 수고도 한계가 있다는 말씀입니다. 왜 스룹바벨은 힘 쓰고 애 쓰고 노력하지 않았겠습니까? 능으로 되지 아니합니다.

3. 내 신으로 되느니라

인생도, 사업도, 목회도, 성전건축도 내 마음대로 내 생각대로, 내 계획대로 되지 않습니다. 오직 하나님의 신으로만 되는 줄 믿습니다 그래서 우리 기독교를 '타력의 종교'라 하지 않습니까?

행1:8에서 실망하고 좌절한 제자들에게 '너희가 예루살렘을 떠나지 말고 약속한 것을 기다리라. 오직 너희에게 성령이 임하시면 너희가 권능을 받고 예루살렘과 온유다와 사마리아와 땅끝까지 내 증인이 되리라.' 재벌이 되면이 다가 아닙니다. 학위를 받은 게 다가 아닙니다. 오직 내 신으로 되느니라 만리타향 북미대륙에서 신기하고 놀라운 은혜를 확실히 보고 분명하게 들어서 성공의 미로를 승리로 끝내는 여러 성도님들 되시길 주님의 이름으로 축원합니다. 아멘!

♠ 본문 : 대하26:1~15 히4:16

♠ 제목 : 기이한 도우심

  오늘 본문은 유대나라 웃시아 왕에 대한 기록인데 부왕 아마샤의 대를 이어 약관 16세의 나이로 등극하여 52년이라는 긴 세월을 치세하면서 이룩한 업적입니다. 3가지 줄여 생각할 수 있는데,

  ① 웃시아 왕이 성취한 번영과

  ② 번영케 한 힘의 근원이 무엇이며

  ③ 어떻게 해야 기이한 도움을 받을 수 있냐는 것입니다.

1. 웃시아 왕의 번영

그는 16세의 약관의 나이였으나,

① 싸워서 이기는 삶을 살았습니다.

  본문 6~7에 보면 숙적 볼래셋, 아라비아, 마온 가드성, 아부네성, 아스돗성을 헐고 8절에 보면 암몬 사람에게 조공을 받으매 이름이 애굽 변방까지 퍼졌더라라고 했습니다

② 내적으로 국방을 공고히 했습니다.

9절에 보면 예루살렘성과, 성모퉁이 문, 골짜기문, 성 굽이에 망대를 세워 견고하게 하고 10절에 거친 땅에 망대를 세워 적에게서 지방민을 보호하고 11절에 싸우는 군사 또 족장이 2,600명의 용사요, 건장하고 싸움에 능한 군대가 375,000명이요, 왕을 도와 대적을 치고, 방패와 창과 투구와 갑옷과 활과 물매돌을 예비하고 공고한 공장으로 기계를 창작하여 망대와 성곽 위에 두어 살과 큰 돌을 발하게 하였으니 그 이름이 원방에 퍼지고 강성하여짐이라 라고 했습니다.

③ 농사를 좋아했습니다.

싸움만 좋아하고 쾌락과 향락에만 치우치는 사람이 아니라 10절에 보면 거친 땅에 망대를 세우고 물웅덩이를 많이 팠으니 평야와 평지에 육축을 많이 기르며, 또 여러 산과 좋은 밭에 농부와 포도원을 다스리는 자를 두었으니 농사를 좋아함이더라.

대외적으로 국방을 공고히 하고 산업이 번영을 누리며 이름이 변방까지 퍼지니 실로 흠모의 대상이 아닐 수 없습니다. 무엇이 웃시아로 하여금 이런 대사를 성취케 했겠습니까?

2. 기이한 도우심으로 했다는 것입니다.

15절에 보면 '기이한 도우심을 얻어 강성하여 짐이라.' 번영하고, 강성하고, 승리하고, 성취하고, 명성이 펼쳐짐은 5절에도 '저가 여호와를 구하는 동안에는 하나님이 형통케 하였더라.'

7절에도 보면 '하나님이 도우사 블래셋 사람과 아라비아 사람과 많은 사람을 치게 하신지라.'라고 했습니다.

친구나 이웃이나 동맹국의 도우심이 아니라 기이하고, 신기하고, 이해가 안 되는 신비로운 도우심으로 하나님이 도우사, 하나님이 형통케 해 주셨다고 증거하고 있습니다.

히4:16에도 '때를 따라 돕는 은혜를 얻기 위하여 은혜의 보좌 앞에 담대히 나아간다'고 주장합니다.

이스라엘 백성이 출애굽도 기이한 도우심으로 성취된 것입니다. 다윗이 골리앗을 이긴 것도 기이한 도우심으로 이루어진 것입니다. 바울이 빌립보 감옥에서 출옥된 것도 기이한 도우심으로 된 것입니다.

시121:1 '내가 산을 향하여 눈을 들리라. 나의 도움이 어디서 올꼬.'

롬8:26 성령도 우리의 연약함을 도우신다고 했습니다. 여러 성도님들 하나님의 기이한 도우심을 얻어 웃시아 왕같이 번영하고 이겨서 널리 널리 여러분의 믿음이 퍼지게 되시길 축원합니다.

3. 어떻게 해야 이런 기이한 도우심을 받을 수 있을까?

4절에 보면 웃시아 왕이 그 부친 아마샤의 모든 행위대로 여호와가 보시기에 정직히 행하여 그의 부친처럼 참되신 하나님을 정직히 잘 섬겼다는 것입니다.

5절에 보면 '하나님의 묵시를 밝히시는 스가랴 선지의 지도를 받아 하나님을 구하였고 저가 여호와를 구할 동안에는 하나님이 형통케 하였더라.'

마6:33 '너희는 먼저 그의 나라와 그의 의를 구하라, 그리하면 이 모든 것을 너희에게 더 하시리라.'

여호와가 보시기에 사람의 눈을 의식하지 말고 하나님의 눈으로 보시기에 합당한 사람, 마음에 드는 사람이 될 때 기이한 도우심을 얻을 수 있습니다.

여러 성도님들, 주여 주여만 하지 말고 하나님의 기이한 도우심을 체험하고 그리하여 형통하고 승리하고 각처에 믿음의 소문이 퍼지는 은혜가 있기를 축원합니다. 아멘!

♠ 본문 : 시92:12~16:1

♠ 제목 : 늙지 않는 비결

중국의 진시황이 늙기 싫어 불로초를 구하려고 동남동녀 3,000명을 동방에 보냈다는 얘기로부터 시작하여 요즈음 노령사회를 맞이하여 늙지 않는 방법과 신기한 약을 찾아 발버둥치며, 여인들은 늙음을 방지하기 위해 피부에 좋다는 화장품에 돈을 아끼지 않고 사서 바르는 세태입니다. 그런다고 안 늙을까요?

그런데 여기 복음이 있습니다. 본문 시편 92편 14절에 보면 이런 말씀이 있습니다. 늙어도 결실하며, 진액이 풍족하고, 빛이 청청하여 늙어도 젊은이 부럽지 않는 비법을 가르치고 있습니다. 오늘 본문을 묵상하며 늙지 않는 비결을 찾아보도록 하겠습니다.

1. 늙어도 결실하며

언뜻 보아서는 이해가 잘 되지 않는 말씀같이 느껴집니다. 늙은이가 어떻게 결실을 할까? 말씀 그대로 읽을 것이 아니라 말씀에 담겨

200

있는 의미를 찾아 보아야 합니다.

오늘 본문의 배경을 보면 의인과 악인의 삶을 비교 대조하면서 7절에 보면 '악인은 풀같이 생장하고 죄악을 행하는자는 다 흥할지라도 영원히 멸망하리라.' 거기에 비해 12절에 보면 '의인은 종료나무 같이 번성하며 레바논의 백향목같이 발육하리로다.'

13절에도 '여호와의 집에 심겼음이며 우리 하나님의 궁정에서 흥왕하리로라.' 상징적이고 비유적인 말씀이라 생각됩니다.

요15-2 '무릇 내개 있어 과실을 맺지 아니하는 자는 아버지께서 이를 제하여 버리시고 무릇 과실을 맺는 가지는 더 과실을 맺게 하려하여 이를 길게 하시느니라.' 어떻게 하여야 더 과실을 맺을 수 있을까요?

5절에 보면 '나는 포도나무요, 저희는 가지이니 저가 내 안에 내가 저 안에 있으면 이 사람은 과실을 많이 맺나니.' 오늘 요한복음 15장을 자세히 보면 내 안에 하는 용어가 무려 9번이나 기록되어 있으며 거듭거듭 강조하고 있습니다. 무심코 덮어두고 지나가서는 안 될 아주 중요한 말씀입니다.

우리가 그리스도 예수 안에 있으면 과실을 많이 맺고 과실을 많이 맺으면 하나님께 영광이 되는 것입니다. 예수님이라는 가지에 붙어 있으면 수분과 영양소와 생명을 공급받게 됩니다. 괴엽나무 가지를 감나무에 접붙이면 감이 열리듯이 예수님께 붙어 있으면 열매는 저절로 맺어집니다.

오늘 본문에서는 성전에 심은 종려나무에 비유했는데 본래 종려나무는 열매가 많고 오래 살며 아름다워서 관상수로 쓰이나 열매가 달아서 꿀을 만들어 먹기도 하고 씨는 갈아서 동물사료로 사용하기 때문에 사막지방 사람들에게 사랑을 받는 나무입니다. 믿는 사람은 사막지역에 종려나무와 같아서 열매를 많이 맺는다는 것입니다.

늙은 나무라할지라도 그 가지에서 새싹이 나오고 그 새싹에서 많은 결실을 맺는 것입니다. 사실 신34:7에 보면 '모세는 나이 120세였으나 그 눈이 흐리지 아니하였고 기력이 쇠하지 아니하였더라.' 뿐만 아니라 아부라함, 다윗, 솔로몬, 갈랩 등 많은 선조들의 늙은 시절을 보면 다윗도 늙어서 시편을 썼고 솔로몬은 잠언 및 전도서를 썼고, 갈랩은 산지를 개척하는 놀라운 결실을 맺었습니다. 하나님께 영광을 돌렸습니다. 분명히 늙어도 결실한 사람들입니다.

요엘2:28에 보면 '너희 늙은이는 꿈을 꾸며'라고 했습니다. 하늘에 대한 꿈을 꾸며 늙어도 미래에 대한 소망을 버리지 않는 사람은 늙어도 결실을 맺는 사람입니다.

고후4:16에 보면 '우리의 겉사람은 후패하나 우리의 속은 날로 새롭도다.' 이런 사람은 늙지 않는 사람입니다. 늙되 곱게 늙은 사람이며 몸은 늙으나 마음은 청년과 같은 늙지 않는 사람입니다.

2. 진액이 풍족하고

늙은 사람이 무슨 진액이 풍족하겠습니까? 오늘 본문은 성전 뜰에 심기운 백향에 비유하고 있습니다.

성전 마당에 심었다고도 할 수 있으나 성경 전체의 흐름을 보면 성전에서 흐르는 생수에 뿌리를 내린 백향목을 의미합니다.

시1:3 '저는 시냇가에 심은 나무가 시절을 쫓아 과실을 맺으며 그 잎사귀는 마르지 아니함 같으니 그 행사가 다 형통하리로다.'

52:8 '오직 나는 하나님의 집에 있는 푸른 감람나무 같음이며 하나

님의 인자하심을 영원히 의지하리로다.'

이와같이 성전에 심기운 백향목은 하나님의 말씀과 은혜와 사랑과 인자하심을 매일매일 공급받아 그 진액이 풍족할 수밖에 없습니다. 본래 백향목은 나무 중에 왕입니다. 키가 30여 미터나 되고 가지가 뻗어서 우리나라 느티나무와 비슷하며 정자나무로 심기도 하고, 상록수이며 향기가 좋고 기름(진액)이 많아 광체가 나서 장식품 제작용으로도 많이 쓰이지만 왕궁이나 성전건축 재료로 많이 쓰였습니다. 이렇게 나무 중의 왕의 대접을 받는 이유는 진액(송진)이 풍족하기 때문입니다.

맛있는 음식을 먹으면 입에 침이 나오고 돌 듯이 은혜가 충만하고 기쁘고 감사하는 사람에게는 늙어도 엔돌핀이 솟아납니다. 솟아나되 풍족히 솟아납니다. 건강할 수밖에 없고 행복할 수밖에 없습니다. 늙고 젊음의 차이가 없습니다. 늙어도 진액이 풍족하기에 이 사람은 늙지 않는 사람입니다.

3. 빛이 청청하여

무슨 늙은이가 빛이 청청하겠습니까? 영적으로 해석해야 될 것입니다. 물론 레바논의 백향목에 비유하셨으니 백향목은 상록수요 그 푸르름이 유난히 강열하여 빛이 비칠 정도로 싱그럽다고 합니다만 오늘 본문의 늙은이가 빛이 청청하다 함은 아래 성경에서 느껴야 할 것입니다. 구속자시며 참 빛이신 예수께서 임하시면

요1:9 '참 빛 곧 세상에 와서 각 사람에게 비치는 빛이 있었나니.'

마5:14 '너희는 세상의 빛이라.'

예수 그리스도 안에 있는 사람은 빛이신줄 믿습니다.

사60:1의 말씀을 보면 '일어나라 빛을 발하라. 이는 네 빛이 이르렀고 여호와의 영광이 네 위에 임하였음이니라.'

사60:3에도 보면 '열방은 네 빛으로 열왕은 비치는 네 광명으로 나오리라.'

롬8:30에 보면 '또 미리 정하신 그들을 또한 부르시고 부르신 그들을 또한 의롭다 하시고 의롭다 하신 그들을 또한 영화롭다 하셨느니라.'

정하시고, 부르시고, 의롭다 하시고, 영화롭게 하시려고 부르셨습니다. 마치 태아가 출생하여 영아기, 유아기, 소년기, 청년기, 장년기를 거쳐 성장하 듯 우리를 부르심은 영화의 단계에서 성화의 단계로, 성화의 단계에서 영광스러운 빛으로 마치 마17:2에서와 같이 '저희 앞에서 변형되사 그 얼굴이 해같이 빛나며 옷이 빛과 같이 희여졌더라.'

오늘 본문에 나오는 늙은이는 이러한 성숙에까지 성장한 것 같습니다. 늙은이는 빛이 청청하여, 빛을 본 곤충들이 모여들 듯이 빛이 청청하면 열망도 제왕도 금은보화도 몰려옵니다. 사60:4~9 참조하시기 바랍니다.

일어나라 빛을 발하라. 비록 늙은 나이라 할지라도 빛이 청청하면 하늘과 땅의 모든 축복을 받게 됩니다.

2008. 5. 20
은평교회 설교

♠ **본문 : 시126:1~6**

♠ **제목 : 꿈꾸는 것 같았도다**

   본 시는 시편들 중에서도 아름다운 시들 중에 속하는 시편입니다. 많은 사람들에게 사랑을 받는 시이기도 합니다. 그 이유인즉 문장이 아름답거나 짜임세가 뛰어나서라기보다 읽는 사람들에게 영감을 주기 때문입니다. 불과 6절의 짧은 시이나 과거와 현재와 미래를 예감케하는 세 부분으로 나누어 작성된 시인데,

- 1~3은 과거의 받은 꿈 같은 축복에 대한 노래요
- 4는 현재는 기도하고 싶은 충동을 일으키고
- 5~6은 미래에 받을 꿈 같은 축복의 원리를 설명해 주는 시입니다.

오늘 그 내용을 좀 더 깊이 묵상하며 은혜를 나누고자 합니다.

1. 과거의 받은 꿈 같은 축복

   오늘 시인은 바벨론 하수가에 70년 포로생활을 회상합니다. 나라잃은 슬픔, 육체적 고통도 아픔이지만 선민으로서 수치, 왜 이방인들에

게 하나님의 백성이 이 수치를 당해야 하는가?

노인들은 향수에 시달려 한명 한명 속절없이 죽어가고 젊은이들은 조국의 얼을 잊어버리고 이방인 나라에서 페르시아 왕 고레스의 칙령으로 본국으로 돌아가는 이 귀막힌 현실에 가슴이 터질 것 같은 아픔과 자기들 노력의 대가로 자유가 쟁취되고 해방을 이루어낸 것이 아니라 하나님께서 성취시켜 주셨으니 마치 '꿈꾸는 것 같았도다.' 이것이 현실인지, 이것이 사실인지 아마 손으로 꼬집어 보기도 했습니다. 하나님께서 이루어 주셨으니 마치 '꿈꾸는 것 같았도다.' 상상을 초월하고 기대 이상의 축복을 받았으니 입에는 웃음이 가득하고 혀에서는 찬송이 넘쳐났도다.

행12:9에도 보면 옥에서 해방된 베드로는 '천사의 하는 것이 참인 줄 알지 못하고 환상을 보는가 하더라.' 포로에서 해방된 것도 기뻐해야 할 일이지만 2절에 보면 여호와께서 저희를 위하여 대사를 행하셨도다. 이방인들까지 경이로운 자세로 여호와를 찬양하는 것을 보고 더욱 기쁨이 넘칩니다. 오늘을 사는 우리도 마귀에게서 해방, 죄에서 자유, 죽음에서 해방, 이방인들이 '하나님이 저 사람들에게 큰일을 해 주셨다.'고 찬양이 터져 나와야 합니다. 너무나 황홀하고 감격이 벅차서 마치 꿈을 꾸는 것 같아서 입에는 웃음이 혀에는 찬송이 쉬지 않아야 합니다. 이것이 성도의 삶입니다.

2. 기도할 마음이 자발적으로 생겼습니다

4절에 보면 '여호와여 우리의 포로를 남방 시내들 같이 돌리소서.' 자기가 구원을 체험하고 자유와 해방의 기쁨을 누려보니 아직도 적국에 포로생활을 하고 있는 동족들을 위해 기도하고 싶은 생각이 들었

습니다. 왜? 자기가 체험했으니까. 포로에서 해방됨이 전쟁이나 정치
적 노력으로 된 것이 아니라 여호와께서 해방시켜 주신 것을 체험했기
에 '여호와여 우리의 남은 포로를 남방 시내들 같이 돌리소서.' 유대의
남방 시내는 내기브 지방의 시내를 생각 했을겁니다. 지금은 메마른
황야이기 때문에 푸름이나 생명이라고는 찾아볼 수 없는 황야지만 이
른 비와 늦은 비가 내리면 강을 이루어 만물이 소생하는 지방을 생각
하며 '남방 시내 같이 돌리소서.'라고 기도 드리고 있습니다.

여러 성도님들 이 시인이 내게 베푼 은혜처럼 하나님을 스스로 의
지하고 기도하고 간구하고 하고 싶은 마음이 여러분들의 가슴에도 싹
트게 되시길 소원합니다.

3. 내일을 꿈꾸는 축복의 원리

역적으로 꿈을 꾸는 것 같은 기쁨과 찬송이 넘치나 포로생활에서
귀환한 삶은 그리 만만치 않았던 것 같습니다

모두가 욕심의 노예가 되어 행복과 기쁨만 추구하고 다른 이보다
더 소유하려고 혈안이 되어 살아가지만 눈물과 우는 고통을 원하지
않았습니다. 눈물은 아픔을 전제로 해서 나오는 결정체이기 때문입
니다.

그러나 시인은 잘못된 삶에 희망과 소망이 넘치는 메시지로 권고하
고 있습니다. '눈물을 흘리며 씨를 뿌리는자는 기쁨으로 거두리로다.
울며 씨를 뿌리려 나가는 자는 기쁨으로 그 단을 거두리로다.'

새로운 삶에 방향과 잘못된 삶에 대한 경고입니다. 진정한 행복과
만족은 고통이 전제되는 눈물과 울음에서 시작된다는 원리를 가르쳐
주십니다. 진정한 행복과 번영은 눈물의 씨앗과 우는 씨앗에서 시작

된다는 것입니다. 마냥 기뻐만 할 것이 아니라 이 기쁨을 기초로하여 눈물과 우는 씨앗을 뿌려야 기쁨도 행복도 온다는 것입니다.

믿음의 씨앗, 기대의 씨앗, 소망의 씨앗을 심어야 합니다.

고전3:6 '나는 심었고 아물로는 물을 주었으되 자라나게 하시는 이는 하나님 뿐이니라.' 현재의 고난과 역경을 딛고 일어서서 미래의 번영과 축복으로 나아가라는 소망의 메시지입니다.

갈6:7 '스스로 속이지 말라. 하나님은 만일 여기 심을 받지 아니하시나니 사람이 무엇으로 심든지 그대로 거두리로다.'

자기의 육체를 위하여 심으면 썩어진 것을 거두고 성령을 위하여 심는 자는 성령으로부터 영생을 거두리라. 오늘의 고통이 아무리 아프고 고달프고 막막할지라도 뿌려야 합니다. 믿음 없이는 못 뿌립니다. 배고파 우는 자식의 입에도 못 넣는데 어떻게 땅에다 뿌립니까? 뿌리되 좋은 것을 뿌리고 뿌리되 많이 뿌려야 합니다. 30배, 60배, 100배의 결실을 거두 듯 기쁨을 또 한 번 누릴 것입니다. 먹을 것도 부족한데 어떻게 땅속에 씨앗을 뿌립니까? 100배의 결실을 믿고 뿌려야 합니다 고후9:26 '이것이 곧 적게 심는 자는 적게 거두고 많이 심는 자는 많이 거둔다 함이로다.'

잠11:24 '흩어 구제하여도 더욱 부하게 되는 일이 있나니 과도히 아껴도 가난하게 될 뿐이니라.'

말3:10 11조를 보면 '드리라 너 창조가 넘치리라.' 하나님이 정하신 축복의 권리를 잘 지켜 꿈 같은 축복의 열매를 거두시길 축원합니다. 아멘!

♠ **본문 : 마28:16~20**

♠ **제목 : 주님의 지상명령**

먼저 이 교회의 재직을 임명받은 것을 축하합니다. 오늘 재직 수련회에서 생각코자 하는 말씀은 마28:16~20입니다. 부활하시고 이제 몇일 후에 승천을 앞두고 제자들과 이별하고 제자들 스스로 이 막중한 과업을 수행해야 할 과업을 앞두고 하신 지상명령입니다.

교회는 무엇을 해야 하는가? 교회는 왜 있는가? 주의 종들을 왜 불렀고, 왜 새우셨는가? 무슨 일을 어떻게 해야 하는가?에 대하여 가장 정확하고 확실하게 대답해 주시는 말씀이 바로 오늘 본문입니다.

이 지상명령의 내용은 셋입니다.

① 모든 족속으로 제자를 삼으라는 것

② 세례를 베푸는 일을 하라는 것

③ 가르쳐 지키게 하라는 것입니다.

• 모든 족속으로 제자를 삼으라.

모든 족속 : 누구도 제외될 수 없는 모두 다를 제자로 삼으라는 것입니다.

여기에는 천하를 호령하는 로마 황제나 세상 것을 다 안다는 히랍의 철학가나 가마니엘 같은 학자까지 모두를 제자로 삼으라는 지상명령입니다.

갈릴리 바다에서 어부 생활을 하던 제자들이 어떻게 이 막중한 지상명령을 수행할 수 있을까요. 마찬가지로 여러 제직자님들에게도 주시는 명령입니다.

이 지역 정치 지도자, 법률가, 학자, 평민 모두를 제자로 삼으라는 지상명령입니다.

아마 여러분 중에는 최고학부를 수료한 지식인이나 세상 모든 것을 소유하고 있는 권세가나 많은 돈을 소유하고 있는 재벌도 있겠으나 대개의 경우 당시에 예수님의 제자들마냥 평민 출신이 많고 또 일자무식한 사람도 없지 않을 것입니다.

그런데 어떻게 모든 족속으로 제자를 삼을 수가 있을까요. 이 막중하고 중차대한 사명을 어떻게 수행할 수 있을까요? 오늘 제직 수련회를 하는 이유가 바로 여기에 있습니다.

18절에 보면 예수께서 가라사데 '하늘과 땅의 모든 권세를 내게 주셨으니….' 천지창조의 주역이시며 만물을 다스리는 권세, 그것도 땅의 권세뿐 아니라 하늘의 권세까지 받은 절대자 예수께서 내리시는 지상명령입니다.

눅10:19 '내가 너희에게 뱀과 전갈을 밟으며 원수의 모든 능력을 제어할 권세를 주었으니 너희를 해할 자가 결단코 없으리라.' 이런 무장을 한 70문도들은 17절에 보면 귀신들도 우리에게 항복하더랍니다.

승리에 승리를 거듭하며 기뻐 돌아와 보고하고 있습니다. 이뿐 아니라 마28:20에 보면 '내가 세상 끝날때까지 너희와 항상 함께 있으리라.' 아멘!

혼자가 아닙니다. 주님이 함께 해 주십니다. 주님이 여러분에게 사명을 맡길 때 밑천없이 장사하는 사람마냥 건성으로 대강 대강 하신 명령이 아닙니다. 하늘과 땅의 권세로 무장시키시고 세상 끝날 때까지 항상 동행하시며 여러분의 사역을 도울 것입니다. 성취감에 도취되어 이기고 또 이기어 승리자의 기쁨으로 맡기신 사명을 다 하시길 축원합니다.

2. 내 이름으로 세례를 베풀라는 것입니다

여러 제직자님들은 성직자가 아니기 때문에 세례를 베푸는 일에 대해서는 대충 넘어 가도록 하겠습니다. 그러나 분명히 알고 넘어가야 할 문제가 있습니다.

행18:25에 의하면 아불로라는 유대인이 학문도 많고 성경에 능하여 예수의 관한 것을 자세히 말하며 가르치나 '요한의 세례만 알 따름이라.' 19:3에서도 바울이 예배소에 가서 너희가 믿을 때 "성령을 받았느냐?" 물으시니 "우리는 성령이 있음도 듣지 못했다고하니 너희가 믿을 때에 무슨 세례를 받았느냐?" 가로되 요한의 세례라 하니 바울이 가로되 요한의 회개의 세례를 베풀며 백성에게 이르되 내 뒤에 오시는 이를 믿으라 하셨으니 요한의 물 세례는 회개의 침례 세례요 내 이름으로 세례를 주라는 주님의 지상명령은 성부, 성자, 성령의 세례를 의미합니다.

3. 가르쳐 지키게 하라

우리 기독교의 은혜의 방편은 3가지 인데,

- 곧 하나님의 말씀
- 성령의 사역
- 성례입니다.

이 가운데서 최고로 중요한 것이 하나님의 말씀입니다.

요1:1~14까지 말씀은 예수님의 말씀이라고 가르치고 있습니다. 성령의 역사도 하나님 계시의 말씀인 성경대로 역사하시며 성례도 역시 하나님의 말씀대로 집례할 때 은혜가 되는 것입니다. 주께서 가르치신 모든 교훈을 쉬지 않고 부지런히 그리고 철저하게 가르치는 것이 교회와 사도들과 제직자들이 해야 할 최고 최대의 의무라는 것입니다.

구역회와 속회를 통하여 하나님의 말씀을 가르쳐야 합니다. 이것이 주님의 최후에 부탁한 지상명령입니다.

시119:105 절에 보면 주의 말씀은 '내 발에 등이요 내 길에 빛이니다.'

잠15:23 때에 맞은 말이 어찌 그리 아름다운지요. 말씀은 생명이요 능력입니다. 말씀으로 무장해야 합니다. 내게 금과 은은 없으나 내게 있는 예수의 이름(말씀)으로 명하노니 일어나 걸으란 말씀으로 앉은뱅이를 일으켜야 합니다. 말씀으로 신령한 눈을 뜨게 해야 합니다. 말씀으로 길을 밝히고 발은 빛이어야 합니다.

그런데 우리 주님은 가르치는데 그치지 말고 지키게 하라고 하십니다. 구슬이 서말이라도 꿰어야 보물이 되듯 아불로 마냥 성경지식은 많아도 성령의 능력을 못 받아서는 안 됩니다. 가르키고 또 가르치어

지키게까지 해야 합니다.

약2:36 '영혼이 없는 몸이 죽은 것같이 행함이 없는 믿음은 죽은 것이니라.' 아멘!

2011. 4. 7
경희대학병원 초청 설교

♠ 본문 : 마4:22~25
♠ 제목 : 고치시는 예수

　오늘 본문은 예수께서 갈릴리에서 행하신 3대 사역을 기록하고 있
는데, 갈릴리는 유대인과 이방인이 혼재하는 지역이어서 이곳을 당
신의 선교 중심지로 삼고 활발한 천국 확장사업을 전개하고 계시는데
그 사역 내용은 크게 3가지입니다.

　1. 회당에서 가르치는 일이고

　2. 천국 복음을 전파하시며

　3. 모든 병과 모든 약한 것을 고치시니 가르치고 천국 복음을 전파
하셨다.

　여기서 '가르치다'라는 말은 오해를 없애기 위해 차근차근 가르치시
고, '전파한다'는 말은 확실성을 가지고 비타협적으로 선포한다는 것
입니다. 그리고 모든 병과 모든 약한 것을 고치시니, 여기 모든 병이
라는 말의 어원은 '노손'의 번역인데, 전체적인 질병 혹은 가혹한 질
병을 의미하며 약한 것은 원문 '말라리안'의 번역인데 뜻은 유약한 것,

쇠약한 것이란 뜻으로 종합하면 육체적인 병, 정신적인 병, 귀신들린 것 등 모든 것을 고치셨다는 말씀입니다.

마태복음 8장을 다 기록할 수가 없고요. 조용히 성경을 펴 놓고 기도하며 읽어 보시기 바랍니다.

1~4절에 문둥병자에게 손을 대시어 깨끗하게 하시고

5~13 백부장의 하인을 고치셨으며 이방인 백부장의 믿음을 극찬하시었고

14~16 베드로 장모의 열병을 손을 만져 깨끗하게 하시었고

23~27 바람과 바다를 잔잔케 한 기사입니다.

위에서 고치신 병들은 난치병들이며 예수님이 아니고서는 도저히 할 수 없는 일들입니다. 이 병고침을 '이적'이라 하는데 뜻은 '신적, 초자연적 능력' 등의 뜻이 있는데 즉각적으로 행해졌으며 문진이나 진찰, 사진을 찍어 보지도 않고 주저함 없이 어떤 불치의 병도 즉각적으로 고쳐 주셨습니다. 돈을 받거나 보상을 기대하지도 않았습니다.

요3:1~2에 보면 니고데모라는 사람이 있으니 유대인의 관원인데, 그가 밤에 예수께 와서 가로되 "랍비여 우리는 당신이 하나님에게서 오신 선생인 줄을 아나이다." 하나님께서 함께 하시지 않으면 당신이 행사시는 이 표적을 '이적' 아무라도 할 수 없음이니라. 니고데모는 가난하고 무식한 서민이 아닙니다. 유대인이요, 관원이요, 바리새인이었습니다. 마8:27에도 제자들이 한결같이 입을 모아 말하기를 '그 사람들이 귀히 여겨 가로되 이 어떤 사람이기에 바람과 바다도 순종하는가 하더라.'

이 소문이 입에서 입으로 가슴에서 가슴으로 전해지고 온 수리아

뿐만 아니라 널리 퍼졌는데 온 갈릴리와 데가볼리와 예루살렘과 유다와 요당강 건너편까지 두루 퍼졌습니다. 오늘날과 같이 인터넷이나 스마트폰이 있는 것도 아니고 우편제도나 전화가 있는 것도 아닌데 소문이 이토록 퍼진 것을 보면 병고침을 받은 사람들이 거의 맨발이다시피한 신발을 신고 먼지 날리는 황톳길을 걸어 간증하고 전해서 퍼진 줄로 생각됩니다. 왕하5:15~17의 말씀에 의하면 수리아 장군 나만에게까지 전해져서 그나라 왕까지 합세하여 찾아와 문둥병을 고친 사실을 알 수 있습니다. 예수께서 이와 같이 병을 고쳐주신 이유 3가지를 든다면,

1. 민망히 여겨, 긍휼히 여겨, 불쌍히 여겨서 고쳐 주셨습니다(마 9:35~38).
2. 예언을 성취키 위해서 고쳐 주셨습니다(마8:16~17).
3. 당신이 메시아 도심을 증거키 위하여 고쳐 주셨습니다(마5:23~27).

그렇습니다. 혹자는 의심하는 사람도 있으나 분명한 것은 메시아의 업무였습니다. 그 예를 눅7:14~마11:4,5에서 찾아볼 수 있는데 요한은 은근히 능력이 많으신 예수께서 석방시켜 주시지 않겠나 기대하고 기다리는데 예수님에게서 소식이 없고 목 베임을 당할 날이 가까워 오니 초조해진 세례 요한은 제자들을 예수님께 보내 묻기를 "예수께 여쭈오되 오실 그이가 당신이오니까? 우리가 다른 이를 기다려 오리까?" 예수께서 대답하여 가라사데 너희가 가서 듣고 보는 것을 요한에게 고하되 5절에 '소경이 앞을 보며, 앉은뱅이가 걸으며, 문둥이가 깨끗함을 받으며, 귀머거리가 들으며, 죽은 자가 살아나며, 가난한 자에게 복음이 전파된다 하라.' 당신이 메시아되심을 말로 전하지 않

216

고 요한의 제자들이 직접 듣고 본 현실을 가서 고하라고 말씀하십니다. 이 사람이 도대체 누구기에 이 기이한 일, 신기한 일을 알고 계실까? 그가 곧 메시아시요, 하나님이시라는 것입니다. 그렇다면 왜 의심합니까?

마8:5~13 이방 사람 백부장의 예를 들어 보겠습니다. 6절에 보면 '주여 내 하인이 중풍병으로 집에 누워 몹시 괴로워하나이다.' 7절 가라사데 '내가 가서 고쳐 주리라.' 백부장은 만류했습니다. 내 집에 오시면 이방인의 집에 갔다고 유대 지도자들이 문제를 일으키실 것이고 여러 가지로 시간낭비가 되니 "다만 말씀으로만 하옵소서. 나도 백여 명의 부하가 있는데 일일이 방문하거나 찾아가지 않더라도 명령만 하면 순종합니다. 그저 말씀만 하옵소서." 예수님이 가엾이 여겨 좇는 자들에게 이르시되 '내가 진실로 진실로 네게 이르노니 이스라엘 중 아무에게서도 이 만한 믿음을 만나보지 못하였노라.' 극찬을 하시며 '가라 네 믿음대로 되리라.' 하시니 그 시로 하인이 나으니라. 아멘!

예수님은 예언된 메시아십니다. 하나님의 아들이요 곧 하나님이십니다. 할 수 있거든이 무슨 말이냐 믿는자에게는 능치 못함이 없느니라. 그가 빛이 있으라 하시매 빛이 생겼고, 그가 나오너라 하시매 죽어 냄새나는 나사로가 나오고, 그가 달리다곰 하시매 죽은 소녀가 살아나고, 그가 명령하시매 바다와 풍랑이 잠잠케 되었습니다. 그의 옷자락만 만저도 혈류증 환자가 나았습니다.

마찬가지로 오늘날 제자들도 고칠 수 있습니다. 마10:1에 보면 '예수께서 그 열 두 제자를 부르사 더러운 귀신을 쫓아내며 모든 병과 모든 약한 것을 고치는 권능을 주시니라.' 눅 10:19에도 보면 70문도에게도 주셨는데 '내가 너희에게 뱀과 전갈을 밟으며 원수의 모든 능력

을 제어할 권세를 주었으니 너희를 해할 자가 결단코 없으리라.'

환자의 영혼에 번개불이 번쩍하도록 능력 있게 권세 있게 전하세요.

막16:18 '뱀을 집으며 무슨 독을 마실지라도 해를 받지 아니하며 병든 사람에게 손을 얹은 즉 나으리라.' 나는 그 증인입니다. 내 목회 50년간에 여러 번 체험했으니까요.

♠ 본문 : 마19:24～26

♠ 제목 : 약대와 바늘귀

　오늘 본문은 너무나도 유명한 구절이 되어 학자들간에 해석도 구구합니다.

　그러나 분명한 것은 하늘나라에 들고 못드는 해답이 되는 말씀이고 영해하면 성공하느냐, 실패하느냐, 불행하느냐 아니냐는 질문에 해답을 주는 말씀입니다.

　부자 청년이 자기 재물 때문에 그렇게도 갈망하던 영생을 포기하고 가버린 생생한 현장에서 제자들에게 현실의 예를 들어보이면서 약대와 바늘귀 비유를 가르치셨습니다. "약대가 바늘귀로 들어가는 것이 부자가 하늘나라에 들어가는 것보다 쉬우니라." 제자들이 듣고 심히 놀라 가로되 "그러면 누가 구원을 얻을 수 있으리이까?" 부자가 들어가기 어렵다는데 왜 제자들이 심히 놀라는가. 여기 부자는 두 가지로 해석되는데,

　① 첫째는 글자 그대로 돈 많은 부자

② 관념적 부자입니다.

제자들이 심히 놀란 것은 이 관념적 부자들이기 때문입니다. 예를 들면

- 예수님의 핏줄을 미끼로 하늘나라에서 큰 부자가 되고자 하는 관념적 부자
- 나라가 회복되면 크고 높은 자리를 차지하려는 관념
- 예수님에게 잘 보이려고 시기와 분쟁을 일삼는 관념

그러면 누가 구원을 얻을 수 있으리이까? 이 우문에 현답을 주시는데

① 사람으로서는 할 수 없으되 여기~이, ~되, ~자는 할 수 없다. 안 된다, 하셨으면 아주 끝장이요, 포기이며, 절망 상태일텐데 '되' 자는 여음을 남겨줍니다. 희망과 기대를 가지게 하는 말입니다.

② 하나님으로서는 다 할 수 있느니라. 이 '다' 자는 모두 예외가 없다. 영어로 올(all) 안 되는 것이 없이 모두 다 할 수 있다는 것입니다.

참으로 복음이 아닐 수 없습니다. 낫고 싶은데 안 낫는 문제, 되고 싶은데 안 되는 문제, 성공하고 싶은데 안 되는 문제를 포함해 다 될 수 있다는 말씀입니다. 기대가 되고 희망이 넘치고 용기가 생기는 주옥같은 복음입니다.

1. 사람으로서는 할 수 없으되

약대와 바늘귀 비유는 어려운 일의 대명사입니다. 뜻은 사람의 판단으로서는 아무리 생각해도 안 될 것 같은 유한한 인간의 생각과 노력으로 불가능한 것을 의미합니다. 예를 들면 베드로의 경우 자기 경

험과 지식과 노력으로 밤이 늦도록 수고하였으나 얻는 것이 없나이다. 우리들도 나름대로는 하느라고 했는데 이루어 놓은 것이라고는 아무것도 없습니다. 그저 답답할 뿐입니다.

모세의 경우도 한 번 생각해 봅시다. 하나님의 섭리와 계획을 무시하고 인간의 지식과 지위 등을 이용하여 나라를 회복하고 동족을 구하려 하였으나 결과는 살인자가 되고, 도망자가 되고, 실패자가 되어 좌절하고 미디안 광야로 도망치게 됩니다.

약대가 바늘귀에 들어가는 것 같은 어려운 문제는 아무리 하고자 해도 실패를 할 수밖에 없습니다. 모세가 정신을 차리고 자기를 부인하고 하나님의 도움과 인도를 받을 때 모세가 된 것입니다. 거듭나야 하고 새로운 눈을 떠야 합니다. 유리 뒤에 수은을 바르면 자기 밖에 안 보이지만 수은을 벗겨내면 투명하여 자세하게 보이듯이 수은과 같은 자기 눈에 욕심의 콩깍지를 벗어야 새로운 세계가 보입니다.

행9:18 '바울에 눈을 비늘 같은 것이 벗어져 다시 보게 된 것 같이….' 엡1:18 마음의 눈이 밝아지고 영안이 뜨여져야 등 뒤에서 섭리하시고 인도하시고 도우시는 하나님이 보이게 됩니다. 이 하나님의 도움을 받아야 약대가 바늘귀에 들어가는 것처럼 어려운 일도 할 수가 있다는 말씀을 깊이 생각해야 합니다.

2. 하나님으로서는 다 할 수 있느니라

마28:18 '그러므로 너희는 가서 모든 족속으로 제자를 삼아 세례를 주고 예수님의 교훈을 가르치고 지키게 하라.' 다시 말하면 벽촌 갈릴리 어부들에게 로마에 있는 황제에게 세례를 주고 제자로 삼아 예수님의 교훈을 가르쳐 지키게 하라는 말씀입니다. 바늘귀에 약대가 들어가는 것보다 더 어려운 분부십니다. 그러나 하나님은 빈손으로 혼자서 하라는 것이 아닙니다.

마28:20에 보면 '내가 세상 끝날 때까지 너희와 항상 함께 있으리라.' 19절에 보면 하늘과 땅에 있는 모든 권세를 주었으니, 로마황제는 로마 영토 내에서 권세를 부리나 제자들은 하늘과 땅의 있는 모든 권세를 위임받은 사람들이기에 가능하다는 것입니다.

눅10:19 내가 너희에게 뱀과 전갈을 밟으며 원수의 모든 능력을 제어할 권세를 주었으니 세상에 못할 일이 없고 안 될 일이 없이 다 할 수 있다는 것입니다. 할렐루야!

걸리버 여행기

소인국 도시에 화제가 났습니다. 야단이 났습니다. 갖은 방법을 동원해 불을 끄나 소용이 없었습니다. 보다 못한 걸리버가 입에 물을 물고 뿜으니 순식간에 소화가 되었습니다. 크신 하나님은 다 하실 수 있습니다. 내 아내가 유방암으로 6개월 사형선고를 받았습니다. 과학적으로 임파선 18개 중 9개가 감염이 된 상태입니다. 의사는 못고치겠다고 6개월이 지나면 죽는다고 했습니다. 그러나 나이 80이 되도록 살고 있습니다.

나는 못 고쳤습니다. 목사님이 기도로 고쳤는지 하나님이 고쳐 주셨는지는 잘 모르나 자기는 못 고쳤다고 고백했습니다. 하나님은 다 할 수 있습니다. 결코 못할 것이 없습니다. 포기하지 말고 기도하고 간구하면 하나님은 다 하실 수 있습니다.

렘5:15 여호와께서 그 권능으로 땅을 지으시고 그 지혜로 세계를 세우셨고 그 명철로 하늘을 펴셨으며 이 하나님이 하시면 못할 것이 없습니다. 약대가 바늘귀로 들어가는 이상의 것도 다 할 수 있습니다. 믿는자에게는 능치 못한 일이 없느니라. 아멘!

2012. 6. 3
은평교회 설교

♠ 본문 : 마20~1
♠ 제목 : 품삯 속에 숨은 천국

　요즈음 강단에는 천국과 지옥에 대한 설교가 그리 많지 않은 것 같습니다.

　그러나 기독교를 두 마디로 요약한다면 천국과 지옥으로 요약될 수 있으리만치 중요한 부분입니다.

　마5:3~12까지의 8복이 모두 천국에 대한 얘기이며, 마3:1에 세례 요한도 예수님의 오실 길을 예비하면서 '회개하라 천국이 가까왔다.'라고 주장하셨으며, 마4:17 예수님도 세례와 시험을 받으신 후 첫 설교가 '회개하라 천국이 가까왔다.'라고 하셨으며, 마13에 6가지 비유가 모두 천국에 관한 설교입니다.

　유대인들은 예수님을 로마의 침략에서 나라를 회복시켜 주실 왕으로 착각을 했으나 예수님께서는 요18:36에 하나님의 나라는 세상나라가 아니라고 하시면서 요14:17에서 하나님의 나라는 먹는 것과 마시는 것이 아니라 오직 심령 안에서 의와 평강과 희락이라고 정의하

224

셨습니다. 물질적인 것이 아니라 영적인 것이라고 가르치셨습니다.

눅17:24에 하나님의 나라는 여기 있다 저기 있다 못하리니 너의 마음 속에 있느니라라고 하셨습니다.

그러면 천국은 어디에 숨어 있을까요? 오늘 본문 마20:1에 '천국은 마치 품꾼을 얻어 포도원에 드려 보내려고 이른 아침에 나간 주인과 같으니….' 이 비유에서 감춰진 천국과 지옥을 찾아 보도록 하겠습니다.

1. 일터에 감춰진 천국과 지옥

유대의 기후는 9월이 추수기인데 곧 우기가 들어닥치니 시간과 임금을 초월해서 수확에 전 신경을 써야 합니다. 주인은 9시, 12시, 3시까지는 1달란트와 상당한 임금을 약속했으나 5시에 들어온 사람과는 약속을 하지 않았습니다. 그런데 임금을 지불할 때는 맨 나중에 들어온 사람부터 먼저주고 9시에 들어온 사람들에게 약속한 액수를 주라고 했습니다. 이것을 보면 나중 들어온 사람이 어떻게 일을 했고 먼저 들어온 사람들이 어떻게 일을 했는지를 짐작할 수 있습니다. 먼저 들어온 사람들은 1데나리온은 벌어났으니 시간만 보내려고 죽은 게 발놀리듯 농땡이만 부렸음직하고라면서 나중에 들어온 사람은 일감을 못 구해 오늘은 식구들이 굶는날이구나. 5시가 되도록 포기하지 않고 기다리는 인내심으로 일감을 얻었기에 품삯은 얼마를 주던지 주인이 알아서 할 일이고 그저 일이 고마워서 최선을 다해 열심히 일했을 것입니다.

오죽하면 주인이 감동되어 나중 들어온 사람부터 품삯을 주라고 그것도 먼저 온 사람과 같이 주라고 했겠습니까? 지금은 감동을 시키는 시대입니다.

정치, 경제, 장사, 품 파는 일까지 상대방을 감동시켜야 합니다.

골3:22에 보면 '사람을 기쁘게 하는 자와 같이 눈가림만 하지 말고 오직 주를 두려워하여 성실한 마음으로 하라.'

구약성서에 나오는 다윗의 젊은시절 목동생활을 보면 많은 형제들 중에 유독 막내인 자기만 목동생활을 시키는 부모님을 원망도 하고 불평도 하렸만은 개의치 않고 곰이 나오면 허리를 꺾고 사자가 나오면 입을 찢고 목숨을 걸 정도로 직업윤리가 투철함을 볼 수 있습니다. 그인들 왜 곰이나 사자가 두렵지 않겠습니까? 그러나 맡겨진 일을 위해서는 사력을 다하는 일꾼이었습니다.

하나님이 하늘에서 내려다보시며 저 청년의 양을 치는데도 저렇게 충성을 다하거늘 나라를 맡기면 얼마나 잘 할까? 하나님이 감동이 되어 나라를 맡겼습니다. 다시 말하거니와 지금은 감동의 시대입니다. 직장에서 장사터에서, 기업에서, 정가에서, 교단에서 상대에게 감동을 주는 삶을 살면 천국이 옵니다. 여러분들의 일을 천직으로 알고 최선을 다 하는 것이 바로 천국이요 하나님의 나라입니다. 나중에 들어온 사람이 되십시오.

2. 품삯 속에 숨은 천국과 지옥

늦게 들어온 사람에게 지불하는 품삯을 본 먼저 들어온 사람들은 옳지 저 사람은 늦게 들어와 한시간 정도 일했는데 한데나리온을 주는 것보니 어디 셈해보자. 나는 8시간을 일했으니 8데나리온을 주겠구나 하고 기대에 부풀었습니다.

그런데 이게 웬일입니까? 품삯은 약속한 대로 1데나리온이었습니다. 주인에게 항의를 했으나 무안만 당했습니다. 품삯을 받는 순간부터 지옥이 시작됩니다. 불평불만이 마음을 다스립니다. 아무리 참고 곱게 가려해도 속이 치밀어 견딜 수가 없습니다. 속이 상해 돌부리를 찼더니 발가락만 다쳐 아픕니다. 견디다 못해 선술집을 찾아 한잔 한잔 하다보니 1데나리온을 다 썼습니다. 집에 기다리는 아내는 그래도 일찍이 일감을 구해 일한다고 하니 오늘 끼니는 걱정없다 생각하고 기다리는데 빈털터리로 들어 왔습니다. 두 내외는 구라파 전쟁이 벌어졌습니다. 저녁도 굶은 아이들은 울며 주린 창자를 부여잡고 엄마 아빠의 싸움 말리느라 기력을 다 상실했습니다.

이 두 부부가 어떤 잠자리에 들었을까요. 또 어떤 꿈을 꾸었을까요? 분명 지옥의 품삯이요, 가정이요, 잠자리요, 꿈이었을 것입니다. 천국은 여기 있다 저기 있다 못하리니 너의 마음속에 있다는 말씀 기억하고 여러분의 품삯이, 수입이, 월급이 지옥의 씨앗이 되지 않도록 되기를 축원합니다.

나중에 들어간 사람을 생각해 봅시다. 오늘은 영낙없이 굶었구나 하며 아내나 자녀들을 대할 면목이 없습니다. 오후 5시까지 포기하지 않고 기다렸습니다. 한 시간 남았는데 누가 일감을 주겠습니까? 그러나 일감을 얻었습니다. 일 자체도 바로 천국이지만 먼저 품삯을 받았습니다. 1데나리온입니다

빠르게 시장에 가서 쌀을 사고 고등어를 사서 들고 집을 향해 걸어 갑니다.

가다가 생각해도 그냥 가기만 할 수가 없습니다. 돌아서서 아~주인님 감사합니다. 참 감사합니다. 그리고 돌아서 걸음을 재촉하나 아무리 생각해도 감사합니다. 또 돌아서 아~주인님 참으로 감사합니다.

그러기를 어둠이 오도록 반복하며 어둑어둑 할 때 집에 다가 갑니

다. 아내는 오후 5시까지 일감을 못 찾고 헤맨다는 소식을 들었는데 집에 오기나 빨리하지 어디서 무엇을 하며 헤매일까? 툇마루 끝에 서서 아랫마을을 내려다보며 목이 빠져라 기다립니다. 그런데 이게 웬일입니까? 집을 향해 오는 남편 손에 하얀 쌀자루가 보이고 한 손에는 고등어를 사든 것이 보였습니다. 신발도 채 못신고 맨발로 뛰어가서 남편을 맞으며 이게 웬 행운입니까? 저녁 5시까지 일감을 못구했다는 소식을 들었는데요. 얘기는 들어가서 차차 하고 배고플 터인데 속히 들어갑시다. 어머니를 따라 나온 아이들도 기쁨이 하늘에 닿았습니다. 아이들이 좋아서 껑충껑충 뛰니 따라 나온 강아지도 꼬리치며 주인을 반겨 맞습니다.

"큰애야, 어서 솥에 불 지펴라. 작은 애야, 어서 우물에 가서 물길러 오너라." 온 가족이 일심동체가 되어 저녁밥을 지어 상에 둘러앉으니 하얀 쌀밥에 고기반찬, 배에서 꼬르륵 소리가 나고 목젖이 내려 앉도록 먹고 싶은데 도저히 그냥 먹을 수가 없습니다. "얘들아, 우리 하나님께 감사기도 하고 먹자." 눈물겹도록 감사기도를 하고 식사를 마친 후 자리에 누웠습니다. 두 부부가 어떤 자세로 누웠을까요. 얼굴을 마주보고 속삭입니다. 여보 오늘 착한 주인을 만나 여사하고 여사하다며 속삭이다 잠이 들었습니다. 어떤 꿈을 꾸었을까요? 분명 천국의 꿈을 꾸었을 겁니다. 같은 품삯이라도 한 집은 지옥의 품삯이요, 한 집은 천국의 품삯이었습니다.

녹17:24 '천국은 여기 있다 저기 있다 못하리니 너의 마음속에 감추어져 있느니라.' 여러분들의 품삯이 지옥의 씨앗이 아니라 천국의 씨앗이 되기를 축원합니다.

♠ 본문 : 행16∼6∼15
♠ 제목 : 옷감 장사 루디아

　만리 타국 이국 땅에서 국위를 선양하며 삶의 질을 넓혀가시는 여러분 안녕하십니까? 한국에서 들으니까 의류사업을 하여 생활도 안정되었을 뿐 아니라 교회도 잘 섬겨 목사님이 행복한 목회를 한다는 소문을 듣고 '옷감 장사 루디아'를 생각하며 은혜를 나누고자 합니다.

　이야기의 배경은 사도 바울이 아시아에서 선교사업을 하려 했으나 성령이 막으시고 비두니아로 가고저 하였으나 이번에는 예수의 영이 허락지 아니하시는지라 왜 복음 전하는 일에 성령과 예수님이 전하지 못하게 하시는가? 성령과 예수의 영은 어떠한 방법으로 바울에게 대화하셨을까? 이것은 하나님의 종들이 받은 특별한 축복 중에 하나인데 자의로 행동하지 않고 성령의 인도를 받아 행동하는 것입니다. 드로아로 갔는데 드로아는 유럽으로 건너가는 관문인데 거기서 밤이 깊도록 기도하기로 했습니다. 캘빈은 말하기를 '기도하는 자는 하늘에 들어가는 자이다.'라고 했고 토마스는 기도할 때에 그 얼굴이 변화되었으며 마음을 하늘에 두어 거기로 날아갈 듯한 태도를 취하곤 하였습니다. 기도를 해야 하나님의 은혜를 하늘에서 공급받기 때문입니다.

독자 여러분, 길이 막힙니까? 뜻대로 잘 풀리지 않습니까? 너무 애쓰지 말고 기도하십시오. 바울은 기도하다가 밤에 환상을 보았습니다. 응답을 받았습니다. 머리가 노랗고 코가 우뚝 솟고 눈이 새파란 유럽 사람 하나가 나타나서 손짓을 하며 와서 우리를 도우라는 것입니다. 바울은 '저 사람에게 복음을 전하라고 부르신 줄로 인정함이라.'

행구를 챙겨서 즉시 드로아를 거처 빌립보에 이르렀습니다. 왜 하필 빌립보야? 유럽의 교통의 중심지요 작은 로마라 불리울 만치 정치 경제의 중심지이지만 알지 못하는 힘에 이끌리어 갔습니다.

성에서 며칠을 유하다가 안식일에 회당을 찾았으나 아직 회당이 없으므로 강가에 어느 숲이라도 들어가 기도하러 갔습니다. 아마 숲속 기슭에서 기도하고 나오는데 강가에 웬 여자 한 무리가 둘러앉아 있어 철엽이라도 나왔나 싶어 가까이 가보니 모여서 기도를 하고 있지 않는가? 그런데 그 기도소리에 귀를 기울여 보니 어떤 여자가 유대인 남자가 10명이 안 되어 회당도 못짓고 있고 장사차 두루 다니다가 바울이라는 선교사가 선교에 능력도 있고 신기한 일도 많이 한다는 소문을 들어 알고 있으니, 하나님 그 선교사님을 까마귀를 통하여 물어 오시든지 당나귀를 통하여 실어 오시든 좀 속히 보내어 우리를 돕게 해 주옵소서.

우리 여자들의 힘만으로 한계가 있습니다. 기도를 듣고 있던 바울이 처음에는 귀를 의심하다가 기도 여인의 얼굴을 살펴보니 아시아에서 손짓하며 우리를 도와달라고 꿈속에 나타난 바로 그 여인이 아닌가? 온 몸에 소름이 끼치도록 경의로웠습니다. 세상에 이럴 수가 있나! 헛기침을 하면서 다가가 인사를 나누며 "내가 바로 바울이라는 선교사입니다." 하고 자기 소개를 하니 기도하던 여인들이 너무 놀라 "만일 나를 주 믿는 자로 여기거던 내 집에 유하소서." 강권하여 온집이 다 세례를 받고 유럽복음화에 첫째 열매가 되었으니 암울하고 어둡던 유럽에 복음을 심는 첫 일꾼이 되었습니다.

그는 두아디라 성의 장수라고 설명합니다. 두아디라 성은 소 아시아 7교회 가운데 4번째로 나오는 교회 소재지이며, 어떤 조개에서 재취한 소량의 액체로 만드는 자주색의 생산지입니다. 그도 그럴것이 빌립보는 제2의 로마라 하리만치 로마의 고급 은퇴 군인들이 많고 로마의 상당한 고관들이 많이 살기 때문에 왕의 색깔인 자주색 비단의 수요가 많아 빌립보에다 파는 옷감 장사 루디아가 바로 그였습니다.

자주색은 부자들이 많이 입었습니다(눅16:19). 경제적으로 여유도 있을뿐 너무도 신비한 체험을 했기에 빌립보에서만 바울을 후원한 것이 아니라, 빌4:16 데살로니가에서 전도할 때 헌금을 거두어 보냈고, 빌립보서를 기록할 때에도 막대한 헌금을 애바부로디도 편에 로마까지 보냈으며, 빌4:18 그 밖에 다른 경우도 적지 않았습니다. 고후8:1~5~11~9 그는 가슴이 터질 것 같은 신앙체험과 기도의 응답을 체험했습니다. 성도 여러분, 여러분들도 이러한 살아 숨쉬는 체험과 기도 응답을 체험하고 자발적으로 가슴에서 울어나서 헌신하고 봉사하며 헌물하게 되시길 축원합니다.

여러분 세계지도를 올려 놓고 보십시오. 바울이 전한 복음을 받아 암울하고 캄캄하던 유럽의 군주제도가 사라지고 평등과 자유와 번영의 꽃이 피어 온 지구의 중심국가가 되지 않았습니까. 복음을 받으면 밝아지고 번영해집니다. 잘 되는 은혜가 뒤따르게 됩니다. 여러 성도님들 웃감 장수에서 남미를 복음화하는 루디아가 되시길 축원합니다. 이 곳이 전 남미를 복음화하는 선구자요, 전진기지가 될 것을 축원합니다.

나의 삶 속에서 역사하신
하나님

초판 인쇄 2014년 9월 25일
초판 발행 2014년 9월 30일

지은이 장태현
펴낸이 박찬후
디자인 김은정

펴낸곳 북허브
등록일 2008. 9. 1.

주소 서울시 구로구 구로2동 453-9
전화 02-3281-2778
팩스 02-3281-2768
e-mail book_herb@naver.com
카페 http://cafe.naver.com/book_herb

* 잘못된 책은 구입하신 서점에서 바꾸어 드립니다.

값 14,000원
ISBN 978-89-94938-18-9(03230)